# 면복

14 키워드 한국문화

# 면복

군주의 덕목을 옷으로 표현하다

최연우 지음

문학동네

# 차례

머리말 006

1_ 전통시대 최고 예복, 면복 009
'면복'이란 무엇인가? | 탄생과 전래 | 누가 입었나?

2_ 면복의 구성—면복에 담긴 이야기와 상징 029
영광의 면류관 | 생식기 가리개에서 예복으로—폐슬, 하상, 상의, 중단 | 종이에 밀려난 인끈—수 | 동거에서 별거로—대대와 혁대 | 붉은색에 신을 향한 마음을 담다—바지와 버선 | 신코에 경계의 마음을 담다—석 | 소리로 마음을 다스리다—패옥 | 통치권의 상징—규 | 둥글게, 그리고 모나게—방심곡령

3_ 진정한 군주의 덕목—12장 무늬 085
문질빈빈 | 무늬의 배치에 함유된 천지와 음양 | 배색에 함유된 천지와 오행 | 무늬에 담긴 의미—12장 ①삼신: 일, 월, 성신 ②용 ③산 ④화 ⑤화충 ⑥종이 ⑦조 ⑧분미 ⑨보 ⑩불

4_ 군주와 함께한 영광의 순간 117
제례에서의 면복 | 책례에서의 면복 | 관례에서의 면복 | 혼례에서의 면복 | 등극의례에서의 면복 | 상례에서의 면복

5_ 진정한 영도자를 생각하며 177

주 185

참고문헌 190

키워드 속 키워드

**1** 면복의 보관 022 | **2** 군주의 옷 025 | **3** 출궁과 환궁의 차림 166 | **4** 어디에서 면복을 갈아입나? 168 | **5** 쌍동계와 공정책 172 | **6** 혼을 유혹하는 옷, 면복 174

# 머리말

『국조오례의國朝五禮儀』는 조선시대 유교적 국가 의례의 절차와 예법을 기록한 책이다. 이 책을 보면 면복冕服의 윗도리와 아랫도리에 무늬를 넣는 방식으로 그림과 자수가 나온다. 그런데 그림과 자수는 임의로 선택해 넣는 것이 아니다. 이는 음양론과 밀접히 관련되어 있다. 『국조오례의』에 따르면, 그림은 양陽을 상징하므로 윗도리의 무늬를 표현할 때 쓰고, 자수는 음陰을 상징하므로 아랫도리의 무늬를 표현할 때 쓴다.

필자가 이 내용을 처음 접한 것은 본격적으로 복식사를 전공하기 시작한 석사 과정 때였다. 당시 몇몇 지인들과 함께 『주역』을 공부하고 있던 터라 그림을 양과 상의에 연결하고, 자수를 음과 하의에 연결하는 것에 자연스레 흥미와 궁금증을 느꼈다. 그런데 왜 그림이 양을 상징하고 자수가 음을 상징하는가에 대한 이론적 설명을 찾을 수 없어 궁금증은 증폭되었고, 이것이 결국 '면복'을 박사학위논문 주제로 정하는 계기가 되었다.

전통사회에서 옷은 몸을 보호하는 도구였다. 그러나 색과 모양을 통해 인간이 추구해야 할 덕목을 상징적으로 표현하는 수단이기도 했다. 사람이 살아가기 위해선 여러 가지 덕목이 필요하다. 자연과의 조화도 필요하고, 다른 사람들과 좋은 관계를 맺는 일도 필요하다. 또 유교 사상이 가르치듯 악惡을 버리고 선善을 취할 필요도 있다. 이러한 모든 덕목이 온전히 녹아들어 있는 대표적인 옷이 바로 군주가 입었던 면복이다. 영도자領導者로서 군주가 함양해야 할 모든 덕목은 결국 자연세계와 인간세계를 살아가는 한 인간이 갖추어야 할 덕목과 맞닿아 있다.

이 책에서는 전통사회 최고最高 예복인 면복에 표현된 군주의 덕목을 살펴보려 한다. 면복은 하나의 옷이 아니라 10여 가지 옷과 장신구로 이루어져 있고, 겉옷에는 특유의 무늬를 넣는다. 그리고 최고 예복인만큼 궁중의 성대하고도 엄숙한 유교 의례에서 착용한다. 먼저 '면복'이 어떤 옷인지를 알기 위해 면복을 구성하는 여러 요소를 살피고, 이어서 무늬의 모양과 그것이 상징하는 의미에 관해 이야기한다. 마지막으로 조선시대 의례에서 면복이 쓰였던 상황, 그리고 면복과 관련된 여러 에피소드를 살펴본다. 오랜 역사적 변천 속에 완성된 면복을 통해 국가의 군주가 지녀야 할 덕목을 읽어낼 수 있을 것이다.

2015년 4월

최연우

(어머니께 이 책을 바칩니다)

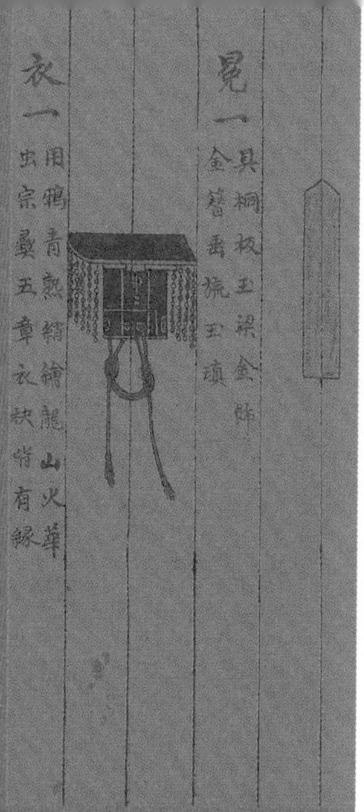


# 1

# 전통시대 최고 예복, 면복

'면복冕服'은 글자 그대로 풀면 '면관을 쓸 때 착용하는 복식'이다. '면'은 면관을, '복'은 거기에 딸리는 여러 부속품을 말한다. 즉 면복의 개념에서 면관은 빼놓을 수 없는 요소이며, 면관 없이 '면복'이라 지칭할 수 없다. 한편 면관을 쓸 때는 아무 옷이나 막 걸치지 않는다. 최고 등급의 예복인 만큼, 그에 걸맞은 옷과 장신구를 성대하게 갖춘다. 면관을 포함한 이들 복식을 통틀어 '면복'이라 한다.

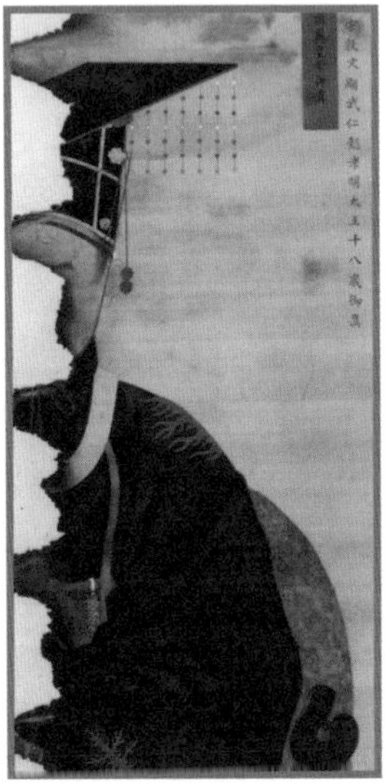

## '면복'이란 무엇인가?

기독교의 성경이나 찬송가를 보면 '면류관'이라는 명칭이 자주 나온다. 예를 들어 "그가 아름다운 관을 네 머리에 두겠고, 영화로운 면류관을 네게 주리라 하셨느니라(잠언 4:9)"라는 구절처럼 대개 영광스러우며 지극히 높은 무언가를 형상화할 때 등장한다. 찬송가에서는 〈면류관 가지고〉 혹은 〈생명의 주여 면류관〉처럼 아예 제목에 등장하기도 한다.

'면류관'으로 번역되는 말은 주로 히브리어 '아타라Atara; Atarah'이고, 그리스어 '스테파노스Στέφανος'도 '면류관'으로 번역되었으며, 이는 영어 '크라운crown'에 대응되는 단어이다. 원어原語에서의 의미가 면류관은 아니나 기독교가 서양에서 동양으로 전파될 때 '가장 권위 있는 관모'로 번역하려다보니 '면류관'이라는 단어가 채택된 것이다. 아마 명나라 때 마테오 리치Matteo Ricci, 1552~1610 같은 서양 선교사들이 기독교를 전파하면서, 아니면 그 전후 어느 시점에 그렇게 번역되었을 것이다.

면류관을 통해 절대적 존재를 형상화하고 부각시키려는 시도는 다른 곳에서도 볼 수 있다. 우리가 보는 TV 프로그램이나 만화에서 옥황상제玉皇上

帝나 염라대왕閻羅大王은 머리에 면류관을 쓰고 등장한다. 도교에서 만물을 주관하는 하늘신인 옥황상제나 힌두교와 불교에서 사후 세계를 관장하는 군주인 염라대왕을 시각적으로 형상화하는 데 면류관을 이용한 것이다.

이는 종교적 묘사에 그치지 않는다. 우리 역사서인 『삼국유사』를 보면 "면류관을 쓸 징조이다冕旒之兆"라거나 "면류관을 사양하였다謝冕旒"라는 표현이 나온다. 여기서 면류관은 군주의 자리를 상징한 것이다. 또 군주의 직책을 계승한 것을 "곤직을 이었다承衮職"라고 하였는데 여기서 '곤衮'이란 면복을 말하고, '곤직'은 면복을 입는 지위를 말하여 곧 군주의 자리를 의미한다.

그렇다면 '면류관'이나 '면복'은 구체적으로 무엇을 말하는가? 면류관은 일반 사람들도 흔히 들었을 법한 전통 관모의 명칭이다. 그 정식 명칭은 '면류관'이 아니라 '면관'이다. 면관은 앞과 뒤에 끈에 꿴 구슬이 드리워져 있는데, 이 끈과 구슬을 합쳐서 '류旒'라고 부른다. '류'가 드리워져 있기 때문에 '면류관'이라고도 부르는 것이다. 그러나 이 책에서는 정식 명칭인 '면관'이라는 용어를 쓰기로 한다.

'면복冕服'은 글자 그대로 풀면 '면관을 쓸 때 착용하는 복식'이다.[1] '면'은 면관을, '복'은 거기에 딸리는 여러 부속품을 말한다. 즉 면복의 개념에서 면관은 빼놓을 수 없는 요소이며, 면관 없이 '면복'이라 지칭할 수 없다. 한편 면관을 쓸 때는 아무 옷이나 막 걸치지 않는다. 최고 등급의 예복인 만큼, 그에 걸맞은 옷과 장신구를 성대하게 갖춘다. 면관을 포함한 이들 복식을 통틀어 '면복'이라 한다.

## 탄생과 전래

면복은 중국에서 탄생해 인접 국가인 우리나라와 일본, 베트남에 전파됐다. 기록에 의하면 고대의 성군인 황제黃帝가 만들었다고 하지만,[2] 이는 전설에 가깝고 신빙성은 떨어진다.

면복에 관한 자세한 내용은 『주례周禮』 『의례儀禮』 『예기禮記』 『상서尙書』 등 고대의 유교 경서經書에서부터 보인다. 면복을 착용할 수 있는 신분과 면복의 종류, 어떤 의례에 어떤 면복을 입는지 등 제도 전반을 살필 수 있다. 그런데 이들 기록에도 면복이 언제 어떻게 탄생했는가에 관한 명확한 언급은 없다. 다만 여러 상황을 종합해보면 주周나라 때 체계적인 제도가 완성되고, 면복을 구성하는 세부 요소는 시대가 흐르면서 점차 틀이 갖춰지고 그에 담긴 상징도 농후해진 것으로 보인다.

면복은 본래 대구면大裘冕, 곤면袞冕, 별면鷩冕, 취면毳冕, 치면希冕; 絺冕, 현면玄冕 등 총 여섯 가지가 있고, 이를 합쳐서 '육면복六冕服'이라 부른다. 이 육면복 제도는 주나라에서 완성된다. 면복의 제도적 완성은 곧 유교식 국가의례와 신분제도의 완성을 의미한다. 국가의 크고 작은 의례에 천자天子 이하 여러 신하들이 각각의 상황과 신분에 맞게 차별화된 면복을 착용했기 때문이다.

그런데 주나라에서 완성된 면복제도는 전국시대戰國時代라는 혼란기를 거치면서 유명무실해진다. 후한後漢 때에 가서 일부 복구되지만 체계적으로 복구되는 것은 위진남북조시대魏晉南北朝時代에 이르러서이다. 정치적으로 혼란한 시기였던 위진남북조시대의 각 왕조는 예禮에서 고대의 경서에 기반한 제도를 복원하여 정치적 정통성을 보장받으려 했다. 이 과정에서 면복 역시 차츰 체계화되어 경서에 수록된 형태를 거의 완전히 복구하게 된다. 이를 통합한 것이 통일 왕조인 수隋나라였다.

수나라는 위진남북조시대 여러 왕조의 제도 중 경서에 잘 부합하는 제도를 선별하여 체계화했다. 수나라가 얼마 못 가 멸망하자 당나라가 이를 이어받았으며, 당나라는 고대의 제도를 좀더 완벽하게 구현해낸다. 그 구현은 전국시대 이래 파괴되었던 육면복의 제도적 부활로 나타난다. 그러나 이는 단지 제도적인 부활일 뿐 면복에 담긴 각종 함의 등에 관한 논의가 깊이 있게 진행된 것은 아니었다.

면복에 담긴 의미가 진지하게 논의된 것은 송宋나라에 이르러서이다. 성리학性理學을 국가이념으로 한 송나라는 고대 경서 속 복식의 의미와 상징 등에 관해 이론적으로 깊이 있는 논의를 전개한다. 면복 역시 이러한 논의를 통해 본래의 의미를 살린 형태가 구현되었다. 따라서 전국시대 이래 면복의 제도적 완성은 당나라에 이르러 이루어졌지만, 면복의 함의까지 충분히 논의한 정신적 완성은 송나라에 이르러 이루어졌다고 말할 수 있다.

요遼, 금金, 원元 시대에는 당나라 때 부활했던 육면복이 점차 다시 곤면복 하나로 단일화되어간다. 또 이때까지는 황제나 황태자 등 황실의 일원뿐만 아니라 신하들도 면복을 착용할 수 있었지만, 금나라 이후 신하들의 면복 제도는 기록에 보이지 않는다. 명明나라에 이르러 태조 주원장은 고대의 면복

제도가 너무 번거롭다면서 곤면복 한 가지만을 제도화하도록 명령하고, 신하들은 면복을 착용하지 못하게 한다. 이로써 면복은 황실의 일원만 착용할 수 있게 되었고, 또 육면복 중에서 단지 곤면복 한 종류만 남게 되었다. 이렇게 곤면복만 남게 되면서 본래 면복의 한 종류였던 곤면복은 면복과 동일한 의미로 쓰이게 된다. 그러나 한족의 대표 복식이었던 면복은 만주족이 통치하는 청나라가 들어선 이후 사용되지 않았고 이로써 중국에서 유구한 세월 동안 최고 예복으로 군림했던 면복은 역사의 저편으로 사라진다.

그렇다면 면복은 언제 우리나라에 들어왔을까? 안타깝게도 명확한 기록은 없다. 다만 앞서 말한 것과 같이 『삼국유사』에 그 명칭이 보여 삼국시대에 이미 들어왔던 것으로 추측한다.

면복에 관한 좀더 상세한 기록은 『고려사』에 보인다. 송, 요, 금, 명 등 중국의 각 왕조가 고려에 면복을 보낸 기록이 확인된다. 주로 왕의 면복이 왔지만 때로 왕세자의 면복이 오기도 했다.

조선시대에도 면복의 전래는 계속된다. 처음 온 것은 1402년태종 2이고, 이후 명나라가 멸망하는 인조 때까지 계속해서 들어온다. 조선 전기의 왕들은 명나라에서 준 면복을 입고 각종 의례를 행하였고, 때로 이를 모델로 국내에서 제작하기도 하였다. 그러다가 명나라가 멸망하고 청나라가 들어선 이후부터는 청나라에서 면복을 입지 않았기 때문에 더이상 전래되지 않았다. 1682년숙종 8에 청나라에서 면복을 보낸 적이 있지만, 그 형태가 제도에 부합했는지 확인할 길이 없고 조선에서 이 면복을 착용했는지도 확인이 어렵다. 조선 후기에는 이전에 명나라에서 받은 면복을 참조하여 자체적으로 제작하여 입는다. 영조 때의 기록에 의하면 왕실 복식의 제작과 보관을 전담하던 상의원尙衣院에 면복직조기冕服織造機가 있었다.[3] 면복을 자체 제작하는 전통은 대한제국까지 계속되었다.

## 누가 입었나?

주나라에서 면복 제도가 체계화되었을 때 이 옷은 천자, 제후諸侯, 경卿, 대부大夫 등만 입을 수 있었고, 사士 이하에게는 허락되지 않았다. 앞서 말한 것처럼 군주뿐만 아니라 그 아래 신분까지 면복을 입었던 전통은 명나라에 이르러 사라지고 이후로는 황실 구성원만 입게 된다.

고려시대에도 왕이나 왕세자뿐만 아니라 신하들도 면복을 입었다. 그러다가 조선시대에 이르러 명나라처럼 왕, 왕세자, 왕세제, 왕세손 등 군주 혹은 군주 계승권을 지닌 사람만 입도록 범위가 축소된다. 또 대한제국 이후에는 황제, 황태자, 친왕親王이 입었다. 이렇게 면복은 통치자 반열에 드는 신분의 예복으로 착용되다가 시간이 흘러 중앙집권이 강화되면서 군주와 그 계승권자에게만 착용이 허락되었다. 이로써 면복은 절대적 군주권을 상징하게 되었다.

그러나 군주와 그 계승권자 모두가 입는다고 하여 차별 없이 동일한 형태

(왼쪽) **면복을 착용한 영친왕(9류면 9장복). 『오사카 매일신문』, 1922년 5월 21일 자**
(오른쪽) **1918년 면복을 착용한 영친왕의 뒷모습(9류면 9장복). 서울대학교박물관 소장**

를 취하는 것은 아니다. 군주는 군주로서의 절대성을 가시적으로 분명히 드러낼 필요가 있었다. 그래서 머리에 쓰는 면관의 형태와 옷에 표현한 무늬, 그리고 다른 여러 요소들을 신분에 따라 차별화했다.

면관에서 신분을 구별하는 가장 중요한 요소는 바로 앞뒤에 늘어뜨린 '류'이다. 류의 수가 많을수록 신분이 높고 적을수록 신분이 낮다. 그렇지만 신분이 높다고 하여 무한정 많아지지는 않는다. 고대에 최고 신분인 천자나 황제를 나타내는 대표적인 숫자는 '12'였다. 그러므로 면관의 류는 최대 열두 줄이며 12류 면관은 황제만 쓸 수 있었다. 우리나라에서 12류 면관은 두 번

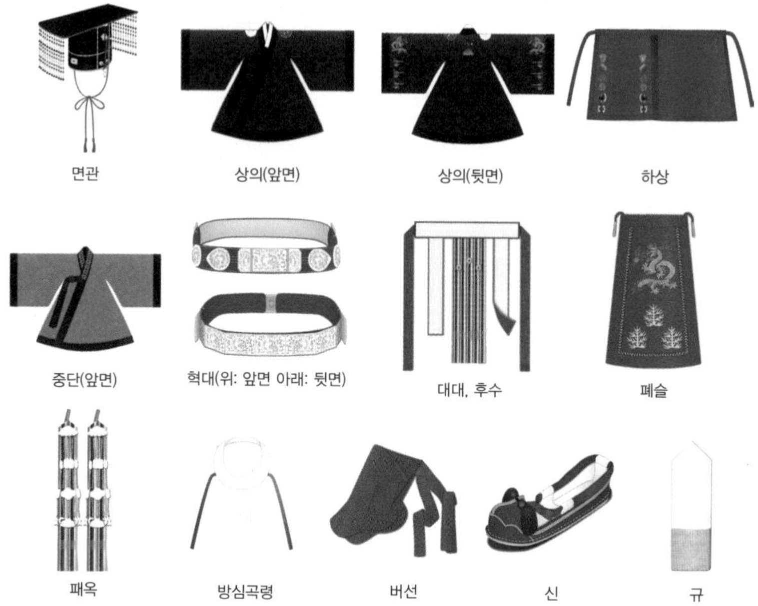


**대한제국 황제 면복(12류면 12장복). 고증에 의한 재현**

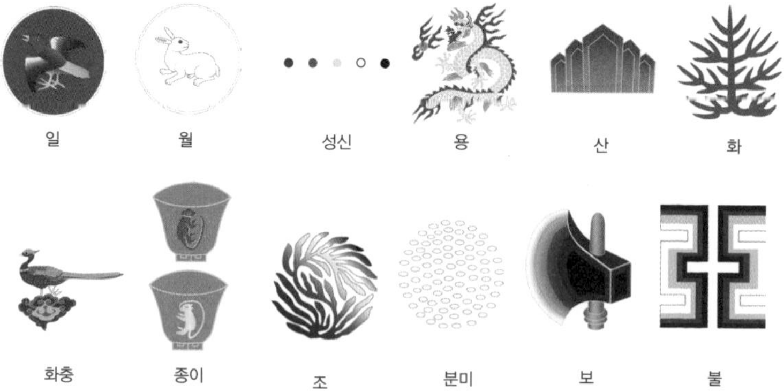


**대한제국 황제 면복(12류면 12장복)의 12장 무늬. 고증에 의한 재현**

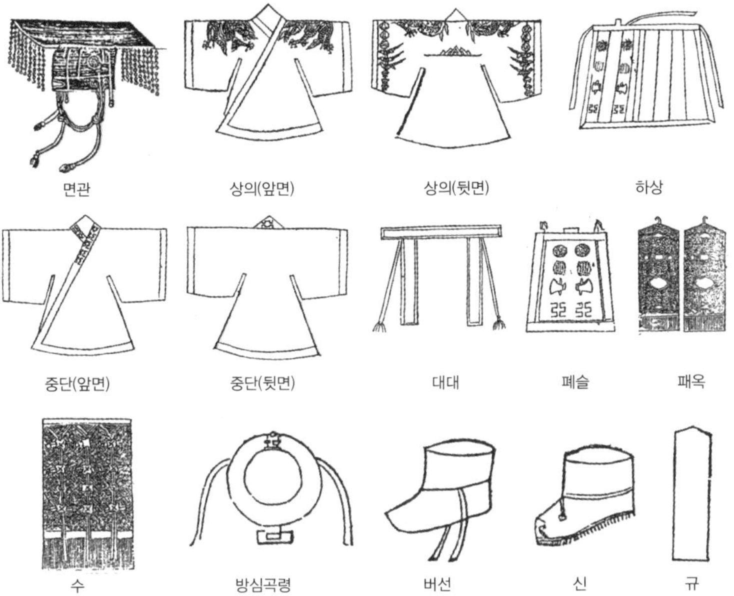


**조선시대 왕 면복(9류면 9장복). 『국조오례의서례』 「길례」 '제복도설· 전하면복', 서울대학교 규장각 소장**

사용되었는데 한 번은 고려 공민왕 때이고, 또 한 번은 1897년 황제국가인 대한제국을 개국하면서이다. 공민왕 때는 일시적인 현상이었지만, 대한제국 시대에는 1910년까지 고종과 순종이 일정 기간 동안 지속적으로 착용했다.

12류 면관보다 한 등급 아래는 9류 면관이다. 9류 면관은 고려와 조선의 왕 및 대한제국 황태자가 착용했다. 또 조선시대 왕세자와 왕세제는 8류 면관, 왕세손은 7류 면관을 썼다.

**조선시대 왕세자 면복(8류면 7장복). 『국조오례의서례』「길례」'제복도설·왕세자면복', 서울대학교 규장각 소장**

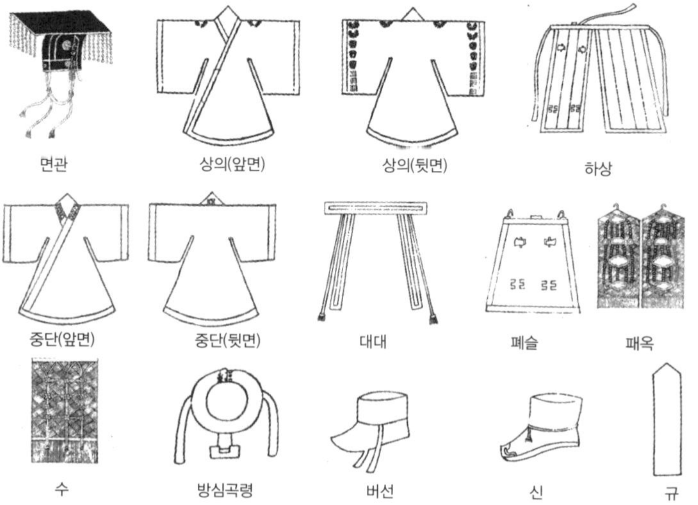


**조선시대 왕세손 면복(7류면 5장복). 『국조속오례의보서례』「길례」'왕세손관복도설', 서울대학교 규장각 소장**

면관의 류 외에 신분을 구별하는 대표적인 것은 옷에 표현하는 무늬이다. 면복의 상의와 하상下裳에는 총 열두 종류의 무늬, 즉 12장문章文이 표현된다. 일日, 월月, 성신星辰, 용龍, 산山, 화火, 화충華蟲, 종이宗彝, 조藻, 분미粉米, 보黼, 불黻이 그것이다. 12류 면관을 쓸 때는 12장 무늬를 모두 표현하나 9류 면관을 쓸 때는 일, 월, 성신을 제외한 나머지 9장을 표현한다. 또 8류 면관을 쓸 때는 화부터 불까지 7장, 7류 면관을 쓸 때는 종이부터 불까지 5장을 표현한다.

## 키워드 속 키워드 1

# 면복의 보관

조선시대에 왕실 복식의 제작과 보관을 전반적으로 관장하던 기관은 상의원尙衣院으로, 상방尙方; 尙房이라고도 한다. 왕실의 여러 복식 중 가장 등급이 높은 면복도 평상시 상의원에서 보관했다.

궁궐에서 상의원 위치는 경복궁과 창덕궁의 그림 자료를 통해 알 수 있다. 1907년에 그려진 것으로 추정되는 〈북궐도형北闕圖形〉은 경복궁의 전각을 도면으로 상세히 표시한 것인데, 이 그림을 보면 경복궁 동쪽의 동십자각 바로 안쪽에 상의원이 있다. 지금의 경복궁 주차장 입구 근처가 되겠다. 이 상의원 건물과 동쪽 담 사이에는 '면복각

**경복궁 상의원과 면복각** | 상의원은 1392년(태조 원년) 설치되었고, 대한제국기인 1898년(광무 2) 상의사로 이름을 고쳤으며, 1905년(광무 9) 다시 상방사로 바꾸었다. 그림의 좌측 건물이 상의원, 우측이 면복각이다.
(왼쪽) **〈북궐도형〉, 국립문화재연구소 소장**
(오른쪽) **혜촌 강학수 그림, 국립고궁박물관 소장**

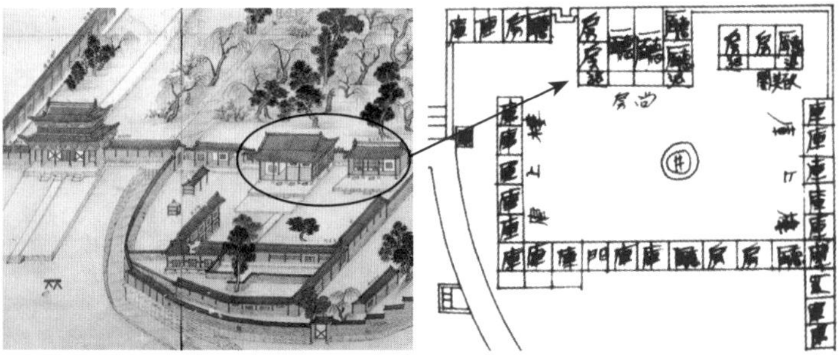

**창덕궁 상의원** | 좌측이 상방, 우측이 치미각.
(왼쪽) **〈동궐도〉, 고려대학교박물관 소장**
(오른쪽) **〈동궐도형〉, 서울대학교 규장각 소장**

免服閣'이라는 작은 건물이 있는데, 2개의 청廳과 1개의 방房으로 이루어져 있다. 이곳에 면복을 보관했다.

창덕궁에서 상의원 위치는 1820년대에 그려진 〈동궐도東闕圖〉와 1907년에 그려진 것으로 추정되는 〈동궐도형東闕圖形〉에서 확인된다. 이는 창덕궁과 창경궁 일원을 그린 것인데, 창덕궁 돈화문 옆에 상의원이 있다. 〈동궐도〉에서는 중심 전각 앞쪽 맞은편 행랑에 '상의원'이라 표기되어 있고, 〈동궐도형〉에는 중심 전각에 '상방尙房'이라 되어 있다. 이로써 우물이 있는 마당을 가운데에 두고 중심 전각과 그 맞은편의 행랑까지 포함하는 이 권역이 전체적으로 상의원이 관할하던 곳이었음을 알 수 있다.

중심 전각은 2개의 방과 4개의 청으로 되어 있다. 여기에서는 '면복각'은 보이지 않고, 상방 건물의 동쪽, 즉 경복궁의 면복각에 해당하는 자리에 '치미각致美閣'이라 쓰인 건물이 있다. 치미각은 '연치미각輦致美閣'이라고도 한다.

'치미'는 『논어』 「태백泰伯」 편에 나오는 말로, '아름다움을 다하다', 즉 '꾸밈을 지극히 하다'라는 의미이다. 공자가 옛날 우禹임금이 평소에 입는 의복은 검소했으나 제복祭服인 불黻(여기서는 무늬가 아닌 폐슬蔽膝을 의미함)과 면관만큼은 성대하게 꾸며, 자신을 위한 일에는 검소해도 백성을 위해 종묘와 조정에서 예禮를 행할 때는 성대하게 했음을 찬미한 내용이 나온다. 즉 '치미'는 제복을 최대한 성대히 꾸미는 것을 의미하

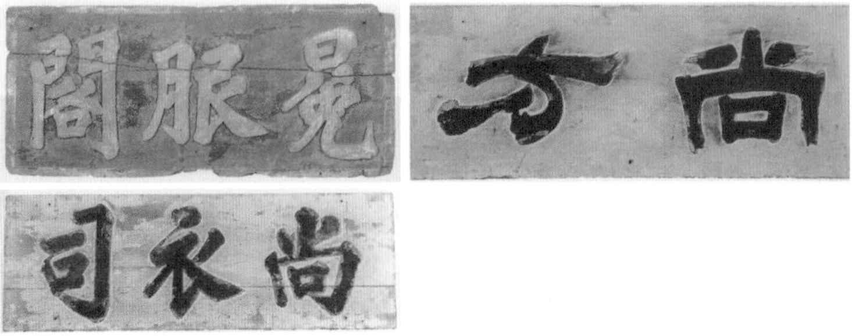

**면복각, 상방, 상의사의 현판. 국립고궁박물관 소장**

므로, 면복을 보관하는 장소에 이 이름을 붙인 것으로 추정된다.

# 군주의 옷

조선과 대한제국의 군주 및 그 계승권자가 입은 옷은 쓰임에 따라 크게 제복祭服, 조복朝服, 상복常服으로 나눌 수 있다. 제복은 제사를 지낼 때 입는 복식이다. 나라의 큰 제사를 지낼 때 군주가 제복으로 착용한 것은 면복이었다.

면복은 본래 제복으로 입는 것이지만 때로 큰 조회朝會에 조복 대신 입기도 했다. 조선시대 가장 큰 규모의 조회는 매년 정월 초하루와 동지에 행했는데, 이때 왕은 면복을 입었다. 면복을 입어 행사의 중요성을 부각한 것이다. 이외 매월 초하루와 보름에 군주와 신하가 함께 모여 조회를 볼 때나 조칙을 반포할 때, 제사를 위해 출궁할 때 등에는 원래 규정된 조복을 착용하였다. 조선시대에 왕의 조복으로 규정된 옷은 원유관복이

면복을 착용한 순종.
『순종실기』

통천관복을 착용한 고종.
국립고궁박물관 소장

익선관복을 착용한 영조.
국립고궁박물관 소장

다. 원유관복은 원유관遠遊冠과 강사포絳紗袍로 구성되고, 이 옷 역시 예복에 속하므로 면복처럼 하상, 폐슬, 허리띠 등 여러 부속품이 딸린다. 대한제국 이후 황제는 원유관 대신 통천관通天冠을 쓴다. 통천관은 황제 전용의 관모이기 때문에 조선시대에는 쓸 수 없다가 황제국이 되면서 쓰기 시작한 것이다. 통천관에는 원유관과 마찬가지로 강사포를 입는다.

원유관은 검은색이다. 앞에서 뒤까지 정수리를 가로지르는 가느다란 선이 있고, 여기에 옥을 꿰었다. 이 옥을 꿴 선을 '양梁'이라 하는데, 왕은 9량, 왕세자는 8량, 왕세손은 7량으로 차별화했다. 황제의 통천관은 12량이다. 강사포의 '강絳'은 '붉은색'을 뜻하고, '사紗'는 비교적 얇은 직물의 일종이다. '포袍'는 두루마기처럼 아래까지 내려오는 형태로, 위에서 아래까지 중간에 이음선 없이 통으로 되어 있는 옷을 말한다. 즉 '강사포'는 '붉은색의 사 직물로 만든 긴 옷'이라는 의미이다.

상복은 왕이 평상시 집무를 볼 때 착용하는 옷으로, 익선관복이 이에 해당한다. 익선관翼善冠에 곤룡포袞龍袍를 입고, 허리띠를 두르며, 목이 긴 신인 화靴를 신었다. 익선관복은 왕의 집무복이지만, 때로는 면복이나 원유관복 대신 이 옷을 입고 의례를 행하기도 했다.

곤룡포의 '곤袞'은 '말다'라는 의미의 '권卷'과 같은 뜻으로, '곤룡'은 '권룡', 즉 '말려 있는 용'이다. 따라서 '곤룡포'는 '동그랗게 말려 있는 용을 표현한 긴 옷'이라는 의미이다. 조선의 왕은 붉은색, 왕세자와 왕세손은 아청색(검푸른색)을 입었다. 또 왕은 둥근 모양의 보補 안에 발톱이 다섯 개인 오조룡五爪龍을 가슴과 양어깨에 하나씩 총 네 개

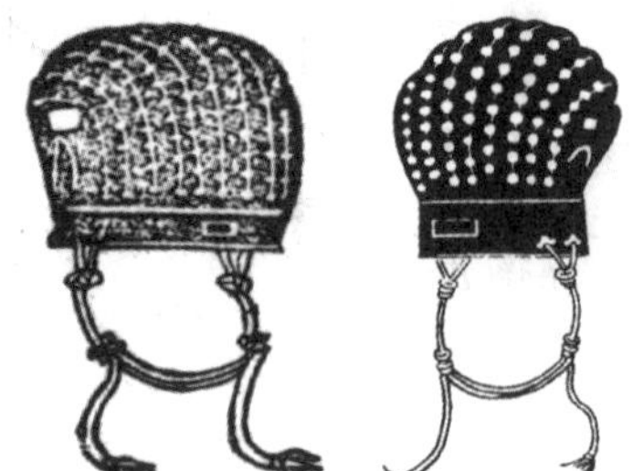

**조선시대 원유관. 9량(왼쪽, 『국조오례의서례』)과 8량(오른쪽, 『국조속오례의보서례』).**

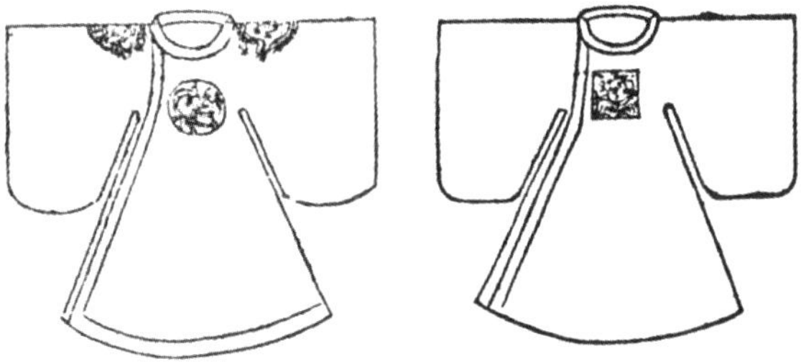

**조선시대 곤룡포. 오조원룡보 4개(왼쪽)와 삼조방룡보 2개(오른쪽). 『국조속오례의보서례』**

를 표현한다. 왕세자는 사조룡四爪龍을 표현한 둥근 보 네 개를 왕과 같은 위치에 부착한다. 왕세손은 네모난 모양의 보 두 개를 가슴과 등에만 부착하고, 그 안에 삼조룡三爪龍을 표현한다. 대한제국 이후 황제는 황색, 황태자는 붉은색 곤룡포를 입었고, 오조룡보 네 개를 부착했다.

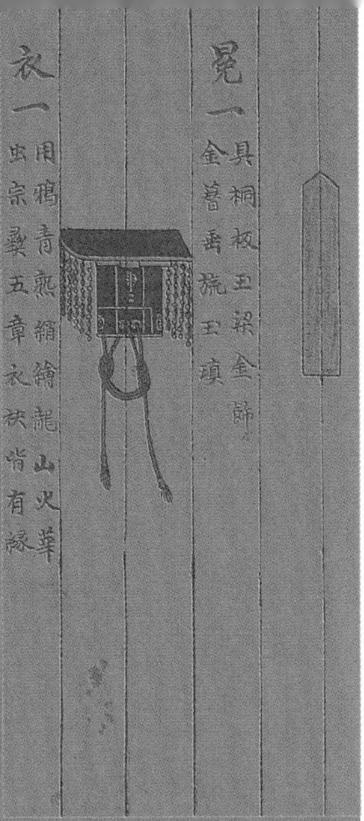


# 2

## 면복의 구성
### — 면복에 담긴 이야기와 상징

면복은 중국에서 탄생해서 우리나라뿐만 아니라 일본과 베트남에도 전파되었다. 동아시아의 전통 복식이라 해도 크게 무리가 없다. 면복의 형태와 상징의 근간을 제공한 유교 경서 속 사상은 동아시아 전역에 전파되어 서양과 다른 동양 고유의 정신문화를 창조해냈다.

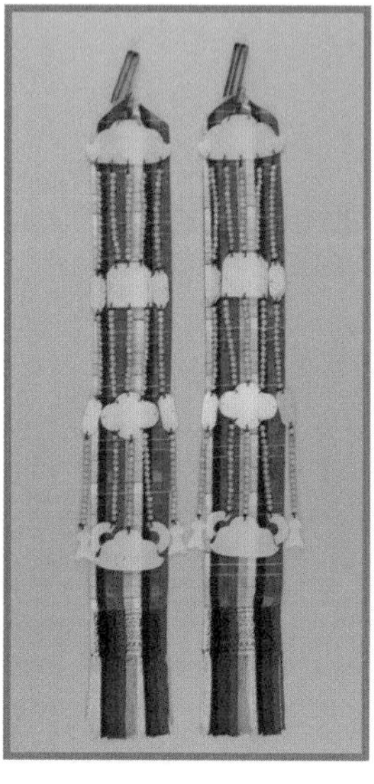

동서고금을 막론하고 어느 한 민족이나 나라의 문화는 독자적으로 존재하기보다 인접하는 민족이나 나라와 교류하고 밀접한 영향을 주고받으며 형성되고 발전한다.

옷도 마찬가지다. 면복은 중국에서 탄생해 우리나라뿐만 아니라 일본과 베트남에도 전파되었다. 동아시아의 전통 복식이라 해도 크게 무리가 없다. 또 면복을 구성하는 여러 종류의 옷과 부속품의 역사적 변천 과정을 훑다보면 때로 전혀 생각지 못한 인류 보편의 물질문명과 마주치게 된다. 면복의 형태와 상징의 근간을 제공한 유교 경서 속 사상은 동아시아 전역에 전파되어 서양과 다른 동양 고유의 정신문화를 창조해냈다.

이제부터 면복을 구성하는 여러 가지 옷과 장신구 그리고 무늬를 살펴볼 것인데, 시계視界를 '조선' 등 우리나라에 국한하지 않고 동아시아의 면복 문화를 만들어낸 중국까지 포함하려 한다. 그 속에는 인류 보편의 물질문명사 및 동양 고유의 정신문화사가 함께 담겨 있다.

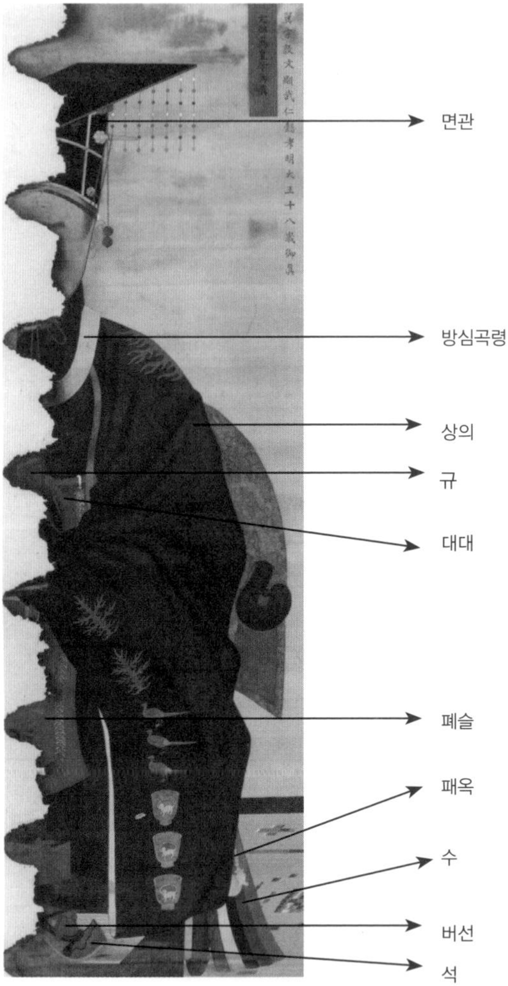


**효명세자(1809~1830) 예진(睿眞). 국립고궁박물관 소장** | 현재 남아 있는 유일한 면복 차림 초상화로, 한국전쟁 때 부산 피난지 보관 창고에 화재가 발생해 절반이 타버렸다. 안타까운 일이지만, 그나마 세로로 타면서 면관부터 신까지 면복 전체 모습을 확인할 수 있어 다행이다. 하상과 중단은 속에 입어 보이지 않고, 혁대는 차지 않았다.

앞서 말한 것처럼 면관은 면복에서 가장 중요한 요소이다. 면관의 모양과 색 등에는 면복 전체에서 드러내고자 하는 상징이 압축되어 있다. 따라서 면복의 여러 구성 요소 중 면관부터 살펴보기로 한다.

면관의 몸체는 '무武'라고 부르는 머리통을 감싸는 부분과 그 위의 직사각형 면판으로 구성되고, 무와 면판은 양梁이라는 부속으로 결합시킨다. 또 면판의 앞뒤에는 류旒를 늘어뜨리고, 양옆에는 충이充耳를 늘어뜨린다.

먼저, 무를 보자. 무는 대나무를 가늘게 쪼개서 대나무올竹絲을 이리저리 교차시켜 머리통을 감쌀 수 있도록 둥그렇게 틀을 만들고 검은 칠漆을 한 후, 겉은 검은색玄, 안은 붉은색朱; 纁 직물로 감싼다. 앞과 뒤는 높이를 같게 하지 않고, 뒤를 1촌(1촌은 약 2.86센티미터) 남짓 높게 한다. 앞이 낮고 뒤가 높기 때문에, 이 위에 면판을 올리면 판이 앞으로 약간 기울어진 모양이

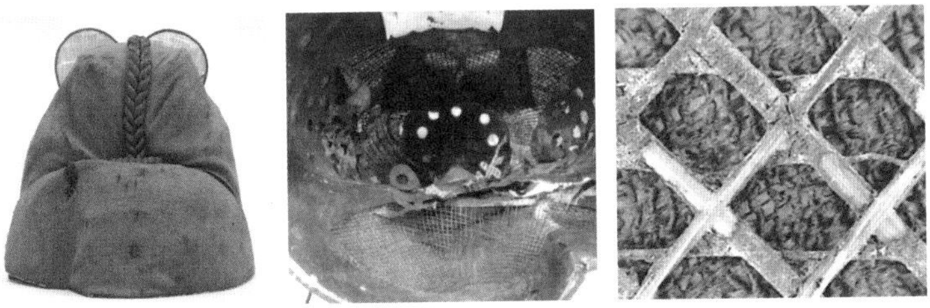

**익선관과 내부 구조. 국립고궁박물관 소장** | 익선관의 틀을 대나무올로 짜고 그 위에 검은 칠을 했다. 면관에서 머리를 감싸는 무도 이와 같은 방법으로 제작한다.

된다. 바로 이 모양 때문에 '면冕'이라고 부른다. '면冕'이라는 글자는 '모冃'와 '면免'이라는 글자로 이루어져 있다. '모冃'는 '쓰개'의 뜻이고, '면免'은 '기울어지다俛'란 의미로, 관의 전체적인 형태를 나타낸다. 즉 '면冕'은 '기울어진 쓰개'라는 의미이고, 이 기울어진 모양은 무로 인한 것이다. 따라서 무가 '면관'이라는 명칭을 탄생시키는 데 가장 중요한 역할을 했다고 할 수 있다.

무는 위쪽과 아래쪽 각각 양옆에 구멍을 뚫는다. 위쪽 구멍은 비녀를 꽂기 위한 것인데, 그 가장자리를 미어지지 않게 금으로 장식하고 이것을 '뉴紐'라고 부른다. 아래쪽의 구멍은 관끈인 영纓을 걸기 위한 것이고, 역시 가장자리는 금으로 장식한다.

다음으로 면판을 보자. 면판은 '연延' 혹은 '연綖'이라고 부른다. 오동나무로 길이 1척(1척은 약 28.6센티미터) 6촌에 너비 8촌의 직사각형을 만든다. 모양은 판의 앞쪽은 하늘天을 상징하도록 둥글게圓 하고 뒤쪽은 땅地을 상징하도록 모나게方 한다. 고대인들은 하늘은 둥글고 땅은 모났다는 '천원지방天圓地方'의 사고를 갖고 있었다. 이를 앞은 둥글고 뒤는 모난 전원후방前圓後方의 모양으로 형상화한 것이다. 단, 앞이 둥글다고 해서 공처럼 완전히 둥근 것이 아니고 양쪽 모서리의 각을 다듬어 조금 둥그스름한 정도로 만든 것이다.

면판의 겉은 직물로 감싸는데, 위쪽은 검은색으로 하고 아래쪽은 붉은색으로 한다. 무와 면판에 쓰는 검은색은 하늘을 상징하고 붉은색은 땅을 상징한다.

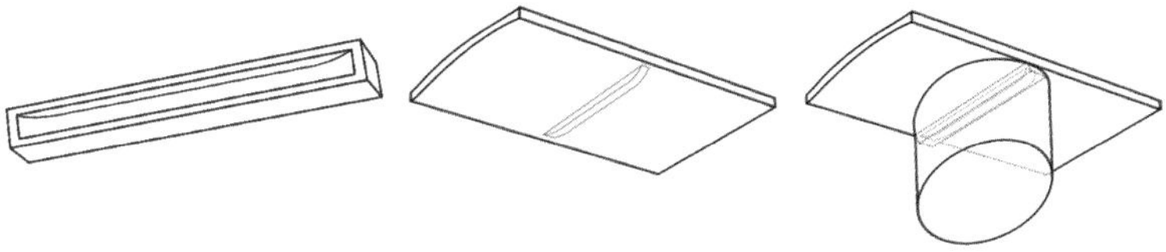

**면관의 양 구조와 결합 방식** | 명나라 만력제의 무덤인 정릉(定陵)에서 발굴된 면관을 도식화한 것이다. 양은 옥으로 만드는데 위쪽에 길게 홈을 판다. 면판 밑에는 양과 결합시킬 부착물을 길게 붙인다. 무의 위쪽 양옆을 네모나게 파고 그 자리에 양을 끼운다. 양에 판 홈과 면판 밑의 부착물을 결합시키면 면관의 기본 틀이 완성된다.(賈璽增, 『中國古代首服研究』)

무와 면판을 각각 만들었으면 이 둘을 결합시킨다. 지금은 간단히 접착제로 붙일 수 있지만, 당시에는 훨씬 과학적으로 결합시켰다. 이때 필요한 것이 양(원래 명칭은 '형衡'인데, 조선시대에는 주로 '양'이라 부름)으로, 들보의 역할을 하는 부속이다. 양은 옥으로 기다란 직육면체를 만들고, 가운데는 길쭉하게 홈을 판다. 한편 무를 만들 때는 위쪽의 양옆에 조그만 홈을 파는데, 이 홈은 양을 끼우기 위한 것이다. 또 면판 밑의 중간 부분에도 기다랗게 옥을 붙이는데, 가운데로 가면서 조금 볼록한 모양이 되게 한다. 무에 끼운 양의 홈에 면판 아래의 볼록한 옥을 결합시키면, 마침내 무와 면판이 하나가 되어 면관의 전체 틀이 잡힌다.

이렇게 몸체를 만들었으면 이제 장식을 덧붙인다. 면판의 앞에는 류를 드리운다. 류는 끈과 그 끈에 꿰는 옥으로 구성된다. 끈을 '조藻'라고 부르므로 류를 '옥조玉藻'라고도 부른다.

류는 면복에서 신분을 구별하는 대표적 표지標識이다. 황제는 12류, 왕이나 황태자는 9류, 왕세자는 8류, 왕세손은 7류이다. 중국에서는 예외가 있기도 했지만 대개 12류이면 각 류에 12개의 옥을 꿰고, 9류이면 각 류마다 9개의 옥을 꿴다. 8류와 7류는 각각 8개와 7개의 옥을 꿴다. 따라서 류의 길이는 12류에서 7류로 가면서 짧아지는 것이 원칙이다.

류에 꿰는 옥은 신분에 따라 색이 다르다. 대한제국의 황제는 황색, 적색, 청색, 백색, 흑색, 홍색, 녹색의 일곱 가지 색을 썼고, 조선의 왕과 대한제국의 황태자는 적색(주색朱色), 백색, 청색, 황색, 흑색의 다섯 가지 색을 썼다. 왕세자와 왕세손은 모두 주색, 백색, 청색을 썼다.

또 면관의 양옆에는 충이를 늘어뜨린다. '충이'는 '귀를 막는다'는 의미로, 양의 양쪽 끝 부분에 끈을 걸어 아래로 드리워서 귓가 근처까지 내려오게 하고, 그 끝에 옥을 꿴다. 이 옥이 '귀를 막는다'는 것을 형상화하는 장치이다. 원래 고대의 예서禮書에서는 누런 솜을 둥글게 말아서 끝에 매단다고 했다. 누런 솜은 한자로 '주광黈纊'이라 쓴다. '주黈'는 누런색, '광纊'은 새 솜의 의미이다. 그런데 후대로 오면서 옥을 쓰는 것이 일반화되자 '주광' 이외에 '전瑱'이라는 용어를 쓰기도 했다. 옥은 원래 양쪽에 한 개씩만 꿰는 것이었는데 명대에는 두 개씩 꿰었고, 조선도 그 영향을 받아 두 개씩 꿰었다.

면관의 몸체에 장식을 덧붙였다면 이제 머리에 쓸 때 고정을 시키는 장치가 필요하다. 관모 중에는 비녀簪; 笄 없이 위에서 눌러쓰는 것도 있고, 비녀로 머리에 고정하는 것도 있다. 전자의 예로는 왕이 평상시 집무를 볼 때 쓰는 익선관이 있고, 후자의 예로는 면관이 있다. 면관을 머리 위에 고정하기 위해 옥으로 만든 비녀를 쓰는데, 이 비녀는 관모 안에 상투머리가 있다는 것을 전제로 한다. 면관의 몸체 오른쪽에서 비녀를 꽂아, 상투를 관통하여 몸체 왼쪽으로 비녀의 끝이 나오게 한다.

비녀 외에 관모를 고정하는 장치로는 관끈이 있다. 전통시대의 관모는 비녀가 있을 때와 없을 때에 따라서 서로 다른 종류의 관끈을 사용했다. 비녀가 있을 때 관끈은 장식 역할만 하면 된다. 그러나 비녀가 없을 때는 비녀를 대신해서 관모를 고정시키는 역할을 해야 하고, 이 경우 관끈이 훨씬 견고하게 몸에 밀착되어야 한다. 전자의 경우에 사용하는 관끈은 굉紘이라고 부른다. 굉은 한 가닥으로 되어 있고, 비녀에 걸어서 아래로 느슨하게 늘어뜨린 후 반대편으로 올려 다시 비녀에 묶는다. 후자의 경우에 사용하는 관끈은 영纓이라고 부른다. 영은 두 가닥으로 되어 있고, 관모의 양옆 아래쪽에 구멍을 내서 건 후 아래로 늘어뜨려 턱 밑에서 바짝 잡아맨다. 조선시대의 갓에 매는, 천으로 된 끈을 생각하면 이해가 쉽다.

면관은 본래 비녀가 있는 구조이므로 중국에서 애초에는 붉은색 굉을 관

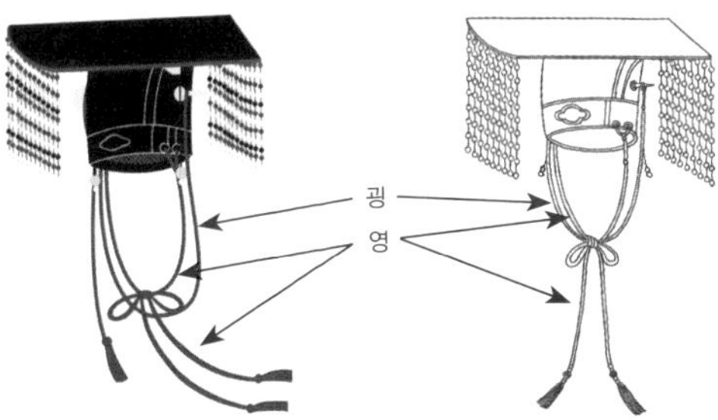


(왼쪽) **명나라 면관. 『중동궁관복』(『명궁관복도』)에 근거한 도식**
(오른쪽) **조선 면관. 『경모궁의궤』, 서울대학교 규장각 소장**

**면관의 세부 명칭. 효명세자 예진(부분)**

끈으로 사용했으나 후대로 가면서 굉 대신 영을 주로 썼고, 명나라 때 가서는 굉과 영을 동시에 쓰게 된다. 조선은 명나라에서 면복을 받던 전기에는 굉과 영을 함께 썼고, 후기에는 영만 썼다.

이렇게 무, 면판, 양, 류, 충이, 비녀, 굉과 영 등으로 구성되는 면관이 완성된다.

그렇다면 이 면관이 근본적으로 담아내고자 했던 상징적 가치는 무엇일까? 면판의 모양과 색에는 천지를 형상화한 것 외에 또 어떤 의미가 있을까? 그 해답은 앞뒤와 양옆에 늘어뜨린 류와 충이에서 찾을 수 있다.

면관의 류는 앞뒤에 드리워져 시야를 가린다. 이를 통해 면관을 쓴 사람이 간사한 것을 보지 않도록目不視邪 하는 경계의 마음을 담는다. 바르지 못한 것을 보지 않도록不看不正 하는 상징을 함유하고 있는 것이다. 충이는 귓가 근처까지 내려와 옥으로 귀를 막는 것을 형상화한다. 이는 '듣지 않음止聽'을 상징한다. 면관을 쓴 사람이 중상모략하는 말을 믿지 않도록勿信讒言 하는 경계의 마음을 담았다. 바르지 못한 말을 듣지 않도록不聽不正 하는 상징을 함유하고 있는 것이다.

그런데 이런 해석은 어쩌면 류와 충이를 눈에 보이는 대로 이해한 것일 수 있다. 이보다 좀더 심오한 뜻은 없을까? '군주'라는 최고의 자리에 앉아 있는 사람의 삶이 과연 좋지 않은 것을 보지 않고 좋지 않은 말을 듣지도 않으며 매미처럼 청아하게 살 수 있는 것이었을까?

누구나 '삼천갑자三千甲子 동방삭東方朔'이라는 말을 들어봤을 것이다. 저승사자를 잘 대접해서 삼천 번의 육십갑자, 즉 18만 년을 살았다는 전설 속 주인공 말이다. 그런데 동방삭은 단순히 전설 속의 주인공이 아니라 한나라 무제武帝 때 실존했던 정치가이다. 그에 관해서는 전한前漢 때의 역사를 기록한 『한서漢書』 「동방삭전」에 자세히 기록되어 있다. 그런데 이 기록 중에 동방삭이 면관의 류와 충이의 상징에 대해 말한 내용이 의미심장하다.

> (…) 때문에 '물이 너무 맑으면 물고기가 없고 사람이 너무 살피면 따르는 무리가 없다. 면관을 쓰는데 앞에 류가 있는 것은 밝음明을 가리기 위한 것이고 누런색 충이가 있는 것은 귀 밝음聽을 막기 위한 것이다'라고 하였다.

밝게 알지만 보지 않음이 있고 귀 밝게 듣지만 듣지 않음이 있으니, 큰 덕大德을 들어서 작은 잘못小過을 용서하여 한 사람이 모든 것을 갖출 것을 구하지 않는다는 뜻이다.[4]

사람이 너무 따지면 따르는 무리가 없으니 면관의 류와 충이가 상징하는 것처럼 밝게 알아도 못 본 척하고 들어도 못 들은 척해서, 아랫사람의 작은 잘못을 용서하는 현명한 덕을 지니는 것이 군주의 자질임을 말하고 있다.

면관의 류와 충이에 담긴 뜻을 옳지 않은 것을 보지 말고 옳지 않은 말을 귀담아듣지 말아야 한다고 이해하는 것이 1차원적 해석이라면, 동방삭의 해석은 그 너머의 해석이라고 할 수 있다. 군주가 다스리는 세상에는 올바른 일, 올바른 말만 있는 것은 아니다. 군주는 옳고 그름을 지나치게 구별하지 말고 두루 다 받아들이는 포용력이 있어야 한다. 그 포용력이야말로 군주의 덕이다. 그래서 때로는 보고도 못 본 척하고 들어도 못 들은 척하는 대덕大德이 필요하다. 류와 충이는 군주의 그런 대덕을 상징한다.

이렇게 면관은 군주의 정통성과 권위를 드러냄과 동시에 신하와 백성을 다스리면서 함양해야 할 소양까지 포함하고 있어서, 군주를 끝없이 높이는 동시에 스스로를 한없이 다스릴 것을 무언중에 강요한다.

## 생식기 가리개에서 예복으로—폐슬, 하상, 상의, 중단

고고학자들의 연구에 의하면 인류는 아프리카에서 출발해 전 세계로 뻗어나갔다고 한다. 아프리카는 사시사철 더운 곳이므로 원시 인류는 몸에 아무것도 걸치지 않아도 생존이 가능했던 것으로 보인다. 그러다가 점차 짐승의 가죽이나 식물성 재료를 엮어 몸을 가리게 되는데, 가장 먼저 자신의 생식기부터 가린다. 고대인들이 사용하던 이 생식기 가리개는 후대 동아시아에서 예복의 폐슬蔽膝로 정착된다.[5]

폐슬은 글자를 풀면 '무릎을 가린다'는 의미이다. 앞쪽 허리에 차고 무릎膝을 꿇으면 무릎이 가려지기蔽 때문에 '폐슬'이라 이름 지었다.

중국의 선진先秦시대 유물들 중에는 앞에 폐슬을 늘어뜨린 인물상이 종종 보인다. 입상立像에도 나타나고 좌상坐像에도 나타나는데, 인물의 전체 모습에서 폐슬이 아주 두드러지게 표현되는 것으로 보아 당시에 사회적으로 중요하게 인식되었음을 알 수 있다.

**폐슬 착용 인물상. 은나라 유물 도식**

폐슬은 그 형태 속에 천지天地 관념과 천지인天地人의 삼재三才 사상을 반영하고 있다. 위가 좁고 아래가 넓은 형태로, 위의 너비는 1척이고 아래의 너비는 2척이며 길이는 3척이다. 여기서 숫자 1은 하늘을 상징하고, 2는 땅을 상징하며, 3은 삼재를 상징한다. 이런 형태는 명나라

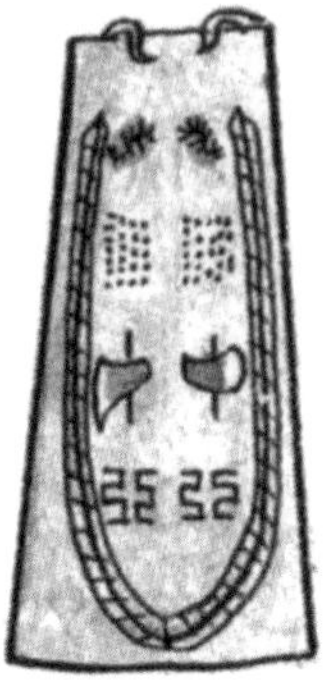
조선 후기 왕 면복의 폐슬. 『영조국장도감의궤』(1776년) 복완용

에서 조선으로 전해져 그대로 유지된다.

면복에서 폐슬의 색은 하상을 따른다. 면복의 하상은 붉은색纁이므로 폐슬도 붉은색이다. 그리고 폐슬 위에는 12장문 중 일부를 표현한다. 무늬는 신분에 따라 조금씩 다른데 대한제국 황제의 무늬는 용龍과 화火이다. 용 한 마리를 위에 배치하고, 그 아래에 위를 향해 올라가는 모양의 화 무늬 세 개를 배치한다. 조선의 왕과 왕세자는 하상에 조藻, 분미粉米, 보黼, 불黻 네 장의 무늬를 두 개씩 표현하는데, 폐슬에도 하상과 같은 방식으로 네 장을 표현한다. 왕세손은 보와 불 두 무늬를 두 개씩 하상과 폐슬에 표현했다.

폐슬은 시간이 흐르면서 점차 신체를 좀더 넓게 가리게 되고, 이로써 형태를 제대로 갖춘 옷으로 변화하게 된다. 여기서 탄생한 것이 치마이다. 면복과 같은 예복에서는 '상裳'이라 하고, 아랫도리로 입기 때문에 흔히 '하상下裳'이라고도 한다.

본래 예복에 입는 하상은 오늘날의 치마처럼 폭 전체가 하나로 이어진 것이 아니었다. 상을 앞과 뒤로 나누어 전상前裳과 후상後裳을 구분했다는 사실을 기억해둘 필요가 있다. 여기에는 의생활衣生活의 기나긴 역사가 숨어 있다. 생식기만을 가리던 단순한 조각이 앞 전체를 가리기 위해 폭을 이어 붙인 전상으로 발전하고, 나중에 뒤를 가리는 후상이 만들어져 완전한 형태의 하상으로 발전한 것이다.

하상은 앞에 두르는 전상이 3폭, 뒤에 두르는 후상이 4폭, 합계 7폭으로 만드는데, 여기에는 천지음양의 이치가 반영돼 있다. 즉 전상 3폭은 전前-천天-양陽-홀수奇數로 연계되는 우주의 이치를 반영하고, 후상 4폭은 후後-지地-음陰-짝수偶數로 연계되는 우주의 이치를 반영한다.[6] 괘卦의 형상과 숫자로 천지의 이치를 탐구하는 역학易學에 의하면 홀수는 하늘과 양을, 짝수는 땅과 음을 상징한다. 옷의 형태에 당대의 우주관을 담아냄으로써, 하상은 단순한 옷이 아니라 천지의 축소판이 된다.

그런데 전후 총 7폭으로 하상을 만들면 폭이 지나치게 넓어 허리에 걸칠 수 없다. 착용자의 몸에 맞게 허리 부분에 주름襞積을 아주 많이 잡아야 한다. 재미있는 것은 이렇게 착용의 편의라는 실용적 목적을 위해 주름을 잡은 뒤 고대인들은 그 주름에 또다른 상징적 의미를 부여한다는 점이다.

주름을 잡아 하상의 폭이 줄어드는 것을 '축蹙'으로 나타낸다. 축은 '줄이다'라는 뜻이다. 주름이 많이 잡힌 하상을 입고 의례를 행할 때면 조심해서

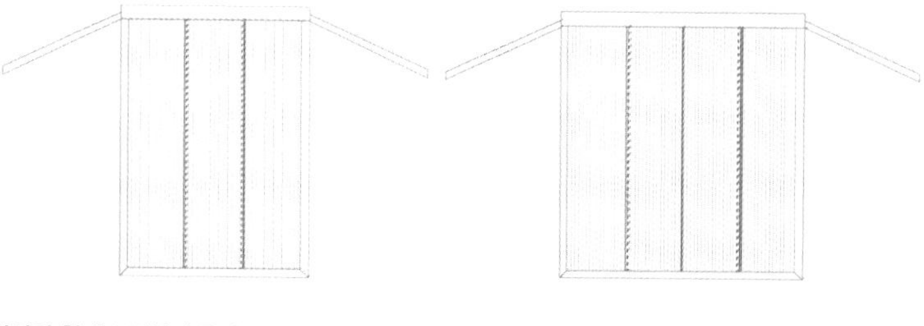

**하상의 형태** | 전상과 후상. 전상 3폭은 하늘과 양을 상징하고, 후상 4폭은 땅과 음을 상징한다.

걷게 됨으로써 마음이 공경스러워진다. 그래서 고대인들은 '축蹙' 자에 발음이 같은 '축踧' 자의 의미를 투영시켰다. 축踧은 '삼가다'라는 뜻이다. 즉 축蹙에 축踧이 갖고 있는 조심·공경의 의미를 부여하고, 하상의 주름이 곧 이러한 상징을 함유한다고 본 것이다. 또한 주름이 있는 옷은 없는 옷에 비해 화려하다. 이에 고대인들은 '질質, 질박함'에 반대되는 '문文, 문식'이란 글자로 그 화려함을 나타낸다. 즉 하상에 주름을 잡는 것은 화려함을 나타내고자 하는 것示文이라고 한다.[7]

위와 같이 형성된 하상은 중국 복식사에서 많은 형태의 변화를 겪는다. 처음에 전상과 후상이 완전히 분리되어 각각 허리말기를 달아 따로 입다가, 나중에는 전상과 후상을 따로 만들되 하나의 허리말기에 붙여 간편하게 입었다. 더 후대의 하상은 전상과 후상의 폭이 완전히 연결되어 휘장帷처럼 변한다.

우리나라에 들어온 면복의 하상은 전상과 후상이 따로 분리된 전상 3폭

**조선 후기 왕 면복의 하상. 『영조국장도감의궤』(1776년) 복완용** | 전기처럼 전상 3폭, 후상 4폭이 분리되고 허리말기가 하나로 되어 있는 형태이다.

후상 4폭의 형태이다. 다만 윗부분에 하나의 허리말기를 기다랗게 붙여서 전상과 후상이 서로 연결되게 했다. 조선 전기에 면복이 처음 들어올 때 이런 모습이었고, 이 형태는 후기까지 유지된 것으로 보인다. 색은 땅을 상징하기 위해 붉은색纁으로 하고, 신분에 따라 무늬를 차별해 배치했다.

한편 사회가 발전하고 또 추위를 막을 필요가 생기면서 하상에 이어 상의上衣가 출현한다. 예복의 상의와 하상은 이렇게 출현 시기가 다르므로 분리해 따로 착용하는 것이 예법이다. 상의는 붉은색인 하상에 대비되는 검은색을 써서 하늘을 상징하게 한다. 또 하상과 마찬가지로 신분별로 무늬를 달리 표현한다.

하상과 상의는 점차 하나로 만들어지기도 하는데 그 과정에서 중의中衣가 탄생한다. 그러므로 초기의 중의는 후대의 그것처럼 재봉선 없이 상하가 통하는 형태가 아니라, 상의와 하상을 각각 재단하여 허리에서 꿰맨 형태였다.

**조선 후기 왕 면복의 상의(앞면과 뒷면). 『영조국장도감의궤』(1776년) 복완용**

**구장복(면복의 상의). 국립중앙박물관 소장**

'중의'는 '가운데 입는 옷'이라는 의미이다. 예복의 겉옷인 상의 안에, 그리고 속옷 위에 입어서 그 위치가 겉옷과 속옷의 가운데中에 있기 때문에 이렇게 부른다. 중의는 위진남북조시대 무렵 상의와 하상이 완전히 하나로 통하는 옷으로 변하는데(요즘의 두루마기처럼 허리에 이음선 없이 위에서 아래까지 하나인), 이 시기에 '중의'에서 '중단中單'으로 불리기 시작한다. 또 후대로 가면서 깃에 불黻 무늬를 그려넣는다. 상의와 하상이 통으로 되어 불

(왼쪽) **조선 후기 왕 면복의 중단. 『영조국장도감의궤』(1776년) 복완용**
(오른쪽) **조선 말기 청색 중단. 국립중앙박물관 소장** | 구장복 안에 소매가 끼워져 보관되어 있다.

무늬를 표현한 중단은 명나라에서 조선으로 들어왔고, 이 형태는 조선 말기까지 변하지 않고 유지된다.

이상과 같이 면복의 구성 요소인 폐슬, 하상, 상의, 중단에는 옷이 창조된 역사가 고스란히 보존되어 있다. 흥미로운 것은 실용적 목적에서 사용하기 시작한 어떤 기물이 오랜 시간이 흐르면서 그 실용성을 전부 혹은 일부 상실하더라도, 처음과 유사한 형태를 유지하거나 모양을 살짝 바꿔서 여전히 착용한다는 점이다. 인체를 보호하는 실용적 기능을 지녔던 생식기 가리개가 폐슬로 정착된 것이 대표적인 예이고, 뒤에서 보게 될 대대와 혁대, 수도 마찬가지다.

이렇듯 고대인들은 새로운 형태의 옷이 출현하고 이로 인해 새로운 착용 습관이 생긴 후에도 가능한 한 과거 옷의 형태와 착용 습관을 흔적으로 남기고자 했다. 또 출현 순서가 가장 앞서는 옷을 마지막에 입어 눈에 띄게 만들려고 했다. 그래서 가장 후대에 출현한 중의가 안으로 들어가고, 그 위에 상의와 하상을 입으며, 제일 오래된 폐슬은 제일 마지막에 착용한다.

실용성이 없어진 후에도 예복의 구성 요소로 남겨 이전의 생활 방식을 기억하는 것이나, 가장 오래된 옷을 가장 눈에 띄는 곳에 배치하는 것 등은 조상들의 오랜 문화적 전통에 대한 존경심의 발로이다. 이러한 노력에 대해 한나라 학자 정현은 다음과 같이 말한 바 있다.

옛날에는 사냥하고 고기를 잡아먹고 그 가죽으로 옷을 해 입었는데, 먼저 앞몸을 가릴 줄 알았고 훗날에 뒷몸을 가릴 줄 알았다. 후대의 왕들이 가죽을 베와 비단으로 바꾸었지만 아직도 앞몸을 가리는 폐슬이 남아 있는 것은 옛날의 도道를 중히 여기고 근본을 잃지 않는 것이다.[8]

정현의 말은 조상들이 창조하고 유지해온 문화를 존중하는 차원에서 실용성이 없어진 옷을 예복의 요소로 남겨뒀음을 의미한다.

## 종이에 밀려난 인끈—수

'수綬'는 '인끈'이라는 의미이다. 인장의 꼭지鈕에 매는 끈을 말한다. 면복에서는 허리띠 뒤後에 매어 아래로 늘어뜨리므로 '후수後綬'라고도 한다. 그런데 인장에 매야 할 인끈이 왜 예복의 일부가 되어 허리 뒤에 매여 있는가? 이 후수가 변천해온 과정을 거슬러 가보면 인류가 발명한 뜻밖의 물건과 마주하게 된다. 바로 종이紙이다.

고대사회에서는 자신의 신분 및 일정 지역에 대한 통치권을 보장해주는 특정 기물의 소유가 매우 중요했다. 이는 천자에게는 하늘의 명天命을 받아 천하를 다스릴 권한이 있다는 증거였고, 제후에게는 천자로부터 국가를 다스릴 권한을 받았다는 증거였다.

특정 기물의 상징적 기능이 바로 '시신示信', 즉 '믿음을 보여주는' 것이다.

이 기물은 한마디로 권력의 상징이었다. 선진시대에 시신의 기물로 대표적인 것은 규벽圭璧과 부절符節이었지만, 진나라에 이르면 새璽와 인印이 그 역할을 대신하게 된다.

**규** | 선진시대에 시신(示信)의 역할을 하던 기물이다.

'새'는 선진시대에는 신분에 관계없이 누구나 사용할 수 있던 것으로, 특히 각종 물건 수집을 담당하던 사시司市라는 직책의 관원이 주로 사용했다.[9] 그러나 진시황이 중국을 통일한 이후로는 제왕帝王의 인장만을 '새'라 부르고, 재료 또한 황제의 것에만 옥玉을 사용할 수 있게 됐다. 그 후 '옥새玉璽'는 황권의 상징이 되었고, 오늘날까지도 황권을 표현할 때 이 단어가 사용되곤 한다. 이처럼 황제가 새를 사용하자 황실 사람들과 관원들 사이에도 각자의 신분에 맞는 인장을 사용하는 것이 유행했고 제도화되기에 이른다.

인장 사용이 보편화되면서 관원들은 업무 편의를 위해 인장을 항상 몸에 지녀야 했다. 진한秦漢 대의 인장은 크기가 매우 작아 휴대하기 편했는데, 이는 필기도구의 한계 때문이었다. 인류가 종이를 발명하기 전에는 대나무나 일반 나무를 가늘게 쪼갠 간독簡牘(대나무는 '간簡', 일반 나무는 '독牘'이라 함)에 글씨를 쓴 후, 여러 쪽을 나란히 놓고 그 위아래를 끈으로 꿰었다. 이 모양에서 '책冊'이라는 글자가 탄생했다. 또 책은 말아서卷 보관했고, 둥글게 만 책을 보관할 때는 그 겉을 끈으로 묶었다. 보안상의 이유로 끈을 묶은 매

**봉니 위에 찍은 인장. 후난(湖南) 성 창사(長沙) 마왕퇴 1호 한묘 출토** | 한대의 인장은 크기가 작았기 때문에 허리춤에 차고 다닐 수 있었고, 인장을 차기 위해 수가 필요했다.

듭 위에 봉니封泥를 붙이고 그 위에 인장을 찍기도 했다. 봉니는 진흙을 물에 개어 걸죽하게 만든 것이기 때문에 마르면 쉽게 부서지며, 크기가 클수록 더 쉽게 부서진다. 이로 인해 봉니를 크게 할 수가 없었고, 봉니가 크지 않으니 그 위에 찍어야 하는 인장도 작을 수밖에 없었다. 한나라 때의 유물을 보면 인장은 한 변이 평균 2.5센티미터이고, 크다고 해도 3센티미터 전후이다.

진한 이후 신분에 맞는 인장을 차고 다니게 되면서 중요한 역할을 하게 된 것이 바로 수였다. 중국 복식사에서 관복官服의 색으로 관리의 등급을 구분하는 복색제도服色制度는 수대隋代에 규정되어 당대唐代에 완비된다. 복색제도가 정비되지 않았던 진한 이후부터 위진남북조까지 신분을 구별하는 가장 중요한 방법이 바로 수였다.

이 기간에는 신분별로 수의 구성 요소, 길이, 색, 밀도 등을 달리하여 한

눈에 착용자의 신분을 알 수 있게 했다. 아마도 가장 쉽게 눈에 띄는 것은 길이였을 것이다. 신분이 높을수록 길이가 길고 낮을수록 짧았다.

당시의 수가 사회적으로 어떤 역할을 했는가에 대해서는 한대 화상석畵像石의 그림을 보면 짐작할 수 있다. 화상석에서는 옆구리에 수를 찬 모습의 관원을 많이 볼 수 있다. 어떤 인물은 고리를 여러 개 만들었고, 어떤 인물은 하나만 만들었으며, 어떤 인물은 고리 없이 관인만 차고 있다. 고리를 여러 개 만들 수 있다는 것은 수의 길이가 긴 것을 의미하고, 이는 신분이 높음을 의미한다. 색과 밀도 등을 확인할 수는 없으나 길이로 신분을 구별하던 모습은 확인할 수 있다.

주공周公과 성왕成王의 고사故事를 묘사한 화상석에는 주공이 성왕에게 수를 바치는 장면이 나온다. 주나라 개국 초, 13세의 어린 나이에 즉위한 성왕을 보필하여 섭정攝政하던 주공이 7년 후 성인이 된 조카에게 정권을 돌려

**수를 찬 한대 관원 화상석 도식** | 왼쪽 인물은 수의 길이가 길어 두세 고리를 만든 뒤 늘어뜨렸다. 이는 고위직 관원임을 의미한다. 오른쪽 인물은 수가 짧아 한 개의 고리를 낸 다음 나머지를 늘어뜨렸고, 이는 하위직 관원임을 나타낸다. 허리춤에는 인장을 차고 있는데 한대 인장은 실제로는 매우 작았음에도 실제보다 크게 표현하여 강조하고 있다.

**주공과 성왕의 고사에 수를 등장시킨 한대 화상석 도식** | 섭정을 끝낸 주공이 조카인 성왕에게 황권을 돌려주는 것을 수를 바치는 장면을 통해 묘사했다.

주는 모습이다. 수를 바쳤다는 것은 수에 인장이 매여 있음을 의미한다. 주나라 초기에는 인장이 보편적으로 쓰이지 않았고, 수로 신분을 구별하지도 않았다. 그러므로 옥새와 수가 황권을 상징하지도 않았다. 그럼에도 불구하고 황권을 돌려주는 것을 수를 바치는 것으로 묘사한 것은, 옥새와 수가 천자의 지위를 상징한다는 한나라 사람들의 관념이 반영됐기 때문이다.

그런데 이처럼 위풍당당하던 수가 전혀 예상치 못한 물건의 등장으로 역사의 한편으로 물러나게 되는데, 바로 종이였다. 종이의 출현과 함께 수의 용도가 바뀌어 실용성보다는 장식성이 더욱 커지게 된다.

우리는 흔히 종이를 서기 105년에 후한의 환관이었던 채륜蔡倫, 50?~121이 발명했다고 알고 있다. 하지만 최근 고고학계의 연구 결과에 의하면 적어도 그보다 250년 이상 일찍 발명되어 기원전 140년경에 이미 종이가 사용되었다고 한다. 다만 이때의 종이는 글씨를 쓰기 어려울 정도로 거칠었는데,

후에 채륜이 글씨를 쓸 수 있을 정도로 개량하게 된 것이다. 종이가 보편적으로 쓰이기 시작한 것은 채륜이 개량하고 한참 지난 위진남북조시대의 일이다.

종이가 보편화되자 이에 크게 영향을 받은 것이 인장이다. 인장은 이제까지 쉽게 부서지는 봉니 때문에 작게 만들 수밖에 없었다. 그런데 종이를 사용하면서 더이상 봉니 위에 찍지 않아도 되자 크기가 커지기 시작한다. 커진 인장은 더이상 휴대하기 편한 물건이 아니었고 관원들은 점차 인장을 지니고 다니지 않게 된다. 인장을 몸에 매는 용도로 썼던 수 역시 본래의 인끈 역할을 잃고 장식으로 변해간다. 이와 함께 매는 위치도 변해 옆구리가 아니라 허리 뒤에 매게 된다. 허리 뒤에 매는 것은 대략 남북조시대부터이며 형태도 바뀌어 이전에는 기다랗고 넓적한 끈으로 고리를 내어 사용하던 것이 길이

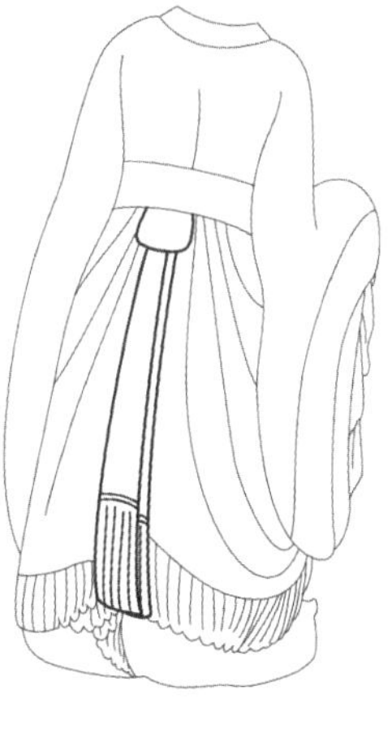

**허리 뒤에 수를 맨 북위(北魏) 유물 도식. 뤄양 영녕사(永寧寺) 탑지 출토** | 한대의 수에 비해 길이가 짧아졌고, 사다리꼴로 나타나며, 착장 위치도 옆구리가 아닌 허리 뒤이다.

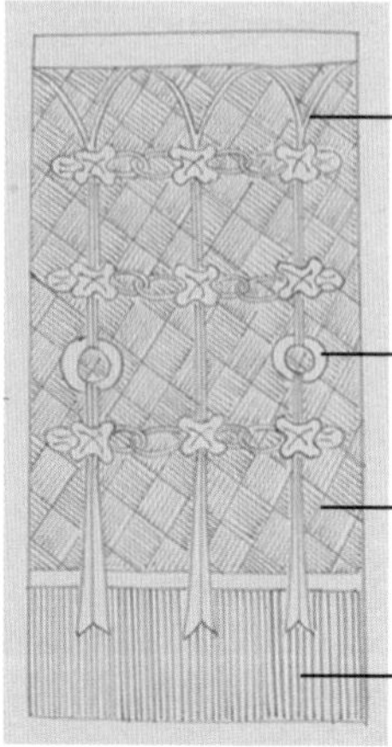


**조선 전기 왕 면복의 후수. 『세종실록오례의서례』「길례서례」 '관면도'** | 여러 가지 색을 넣어서 짠 금(錦)이라는 직물을 쓴다. 조선 전기에는 주로 명에서 보내주는 것을 썼고, 후기에는 1747년(영조 23) 이전까지 중국에서 사다가 썼다.

가 점점 짧아져 직사각형 모양으로 정착된다.

조선시대 면복의 후수도 직사각형이다. 여러 색이 섞인 직물로 몸체를 만드는데, 이를 대수大綬라 한다. 그 위에 두 가닥씩 세 번, 총 여섯 가닥의 소수小綬라 부르는 끈을 드리우고 그 사이에는 왕, 왕세자, 왕세손 모두 금으로 만든 환環을 둔다. 또 아래쪽에는 편물로 짠 망수網綬를 드리운다. 그런데 이러한 형태의 후수는 중국과의 무역을 통해 들어온 것이었다. 사치 풍조를 없애려 많은 노력을 기울였던 영조는 1747년영조 23부터 상의원에서 직접 후수를 직조하게 했고, 형태도 적색-청색-검은색-옥색-녹색 다섯 가지 색을 세 번 반복해 총 열다섯 가닥의 세로줄 무늬를 표현한 후 그 실을 드리우게 했다. 대한제국 이후 황제의 후수는 훈색纁色 바탕에 황색, 백색, 적색, 현색玄色, 옥색, 녹색의 여섯 가지 색으로 짜고, 황태자의 후수는 같은 훈색 바탕에 적색, 백색, 옥색, 녹색의 네 가지 색으로 짰다.

종이가 생긴 후 수는 장식으로 변해 여전히 착장됐지만, 그 실용성을 다하면서 사회적으로 중요하던 초기의 위상을 회복하지는 못했다.

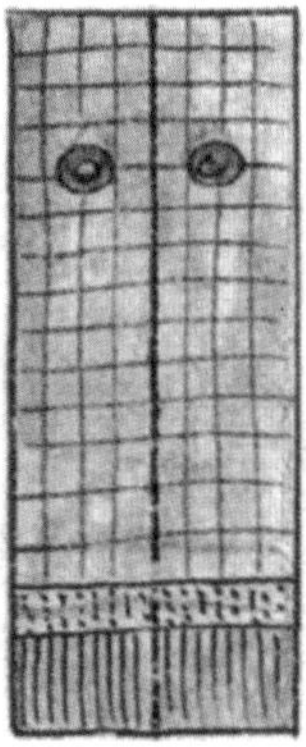

(왼쪽) **조선 후기 왕 면복의 후수. 『영조국장도감의궤』(1776년) 복완용**
(오른쪽) **조선 후기 왕세자 패옥 받침. 효명세자 예진(부분)** | 후수와 패옥 아래에 대는 패옥 받침은 색과 구조를 같이한다. 오른쪽부터 적색, 청색, 흑색, 옥색, 녹색 다섯 가지 색을 쓴 것이 확인된다. 후수는 5색을 세 번 반복하지만 패옥 받침은 5색을 한 번만 썼다.

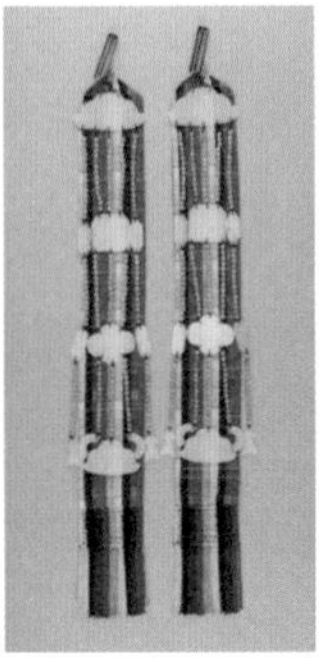

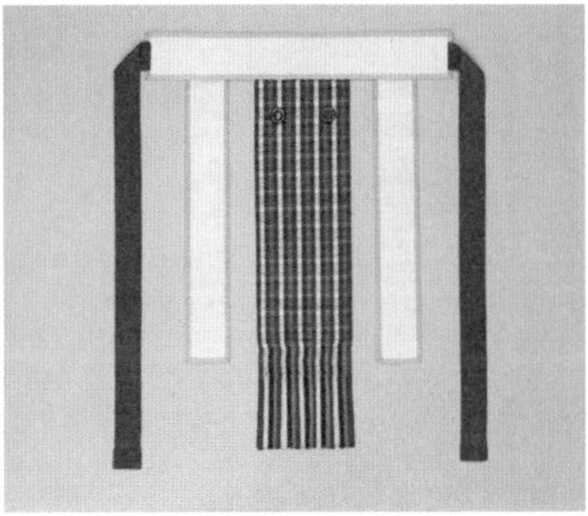

(왼쪽 · 가운데) **패옥 받침. 영친왕비 유물. 국립고궁박물관 소장** | 영친왕은 대한제국과 일제강점기에 모든 복식에서 황태자 신분의 복식을 착용한다. 대한제국 황태자의 후수는 『대한예전』에 의하면 훈색 바탕에 적색, 백색, 옥색, 녹색 네 가지 색을 쓴다. 그런데 이는 『대명회전』에 규정된 제도를 답습한 것으로, 대한제국 당시 실제 상황을 반영하지 않은 것이다. 실제로는 본 유물과 같은 형태로, 조선 후기 왕, 왕세자의 후수와 같은 적색, 청색, 흑색, 옥색, 녹색 다섯 가지 색을 썼다. 한편 이 유물은 영친왕비 유물에 포함되어 있는데, 유물을 넣은 상자에 '면복 패옥'이라 쓰여 있으므로 영친왕이 면복에 쓴 패옥으로 추정된다. 영친왕비가 적의(翟衣)를 입을 때도 패옥을 차는데, 보관 과정에서 영친왕과 영친왕비의 패옥이 바뀐 것으로 보인다.
(오른쪽) **후수. 영친왕비 유물. 국립고궁박물관 소장** | 후수는 본래 따로 만들어 혁대에 걸어야 하는데 조선 말기에서 대한제국 즈음에 대대에 고정된 형태로 변한다. 대대의 양쪽 옆에 달린 남색 끈을 허리 앞에서 매면 후수는 허리 뒤에 드리워진다.

## 동거에서 별거로—대대와 혁대

면복을 포함한 고대의 예복에는 대대大帶와 혁대革帶라는 두 종류의 허리띠腰帶가 사용된다. 대대는 비단으로 만들고, 혁대는 가죽으로 만든다. 그런데 왜 거추장스럽게 두 종류의 허리띠를 사용하는 것일까? 그것은 대대와 혁대가 본래는 하나처럼 동거했기 때문이다.

정착 생활을 하기 이전의 인류는 일상생활에 필요한 여러 가지 도구 중 큰 것은 짐승에게 싣고, 작은 것은 몸에 직접 걸고 이동했다. 이때 사용된 것이 가죽皮革으로 만든 혁대이다. 혁대에 생활 도구를 매고 이동 생활을 한 것이다. 그렇기 때문에 고대의 혁대에 쓰인 패식牌飾은 아래쪽에 구멍을 내 물

**면복의 대대와 혁대. 염립본(閻立本), 『역대제왕도歷代帝王圖』〈촉주유비蜀主劉備〉와 그 부분. 미국 보스턴미술관 소장** | 이 그림은 당대에 염립본이 그렸다고 전하나, 송대의 모본(模本)으로 보는 것이 일반적 견해다.

건을 맬 수 있도록 했다.

작은 칼, 불을 피울 부싯돌, 그리고 기타 여러 가지 생활도구를 매단 허리띠를 상상해보자. 무게가 그리 가볍지는 않았을 것이다. 오늘날 우리가 쓰는 혁대에는 앞에 버클이 있어 양쪽 끝을 맞잡아 하나로 채운다. 버클을 써서 몸에 단단히 고정할 수 있는 것이다. 그런데 이 버클의 역사는 생각처럼 길지 않다. 그렇다면 버클이 발명되기 전에는 어떻게 허리띠를 몸에 고정했을까?

한자 문화권에서는 버클을 '대구帶鉤'라고 했다. '허리띠 고리' 혹은 '허리띠 걸림쇠' 정도로 해석할 수 있겠다. 중국에서 대구를 발명하여 사용한 것은 대략 전국시대이다. 전국시대 이전에 혁대를 몸에 고정하려면 다른 무언가의 도움을 받아야 했다. 대대가 바로 그것이다. 혁대를 몸에 두른 후 그 위에 천으로 만든 대대를 둘러싸고 가슴 앞에서 잡아 묶는다.[10] 너비는 혁대가 2촌, 대대가 4촌이다. 대대가 혁대보다 2촌이 넓은 것은 겉에서 혁대를 안정되게 감싸기 위해서일 것이다.

**말과 호랑이 모양 대구. 신라시대 영천 어은동 유적 출토. 국립경주박물관 소장**

그러나 넓은 대대로 혁대를 감싼다고 하더라도 이는 부드러운 천에 불과하므로 가죽으로 만들어 여러 생필품을 매단 혁대를 지속적으로 고정하기에 역부족이었을 것이다. 이에 등장한 것이 뉴약紐約이라는 물건이다. 뉴약은 실로 짠 끈인데, 대대의 묶음 부분에 둘러맨다. 대대로 혁대의 겉을 싸서 앞에서 묶은 후, 그 묶은 매듭 위에 뉴약을 감아 다시 묶는데 이때 속에 들어가 있는 혁대를 함께 감는다. 이렇게 하면 두 허리띠가 하나로 고정되어 혁대가 대대 밖으로 빠져 나오지 않게 된다.

전국시대에 대구를 발명하면서부터 더이상 대대에 의존할 필요 없이 혁대를 인체에 고정할 수 있게 되었다. 이로 인해 두 허리띠는 분리된다. 하지만 분리되어 각자의 길을 걷더라도 원래의 착용 습속이 흔적을 남겼다. 대대가 더이상 실용성이 없음에도, 두 허리띠 가운데 어느 것도 사라지지 않고

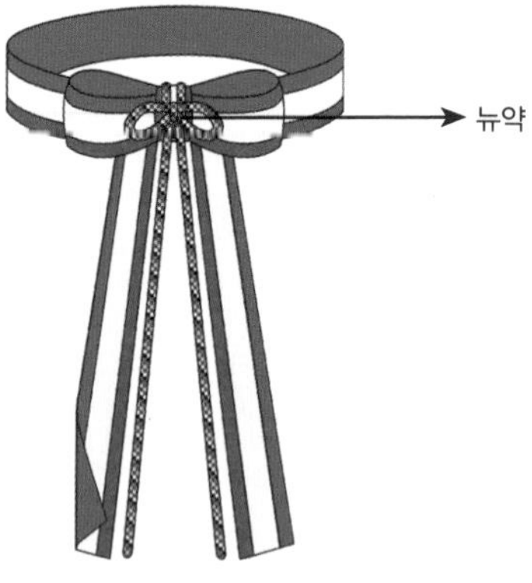


**천자의 대대. 『예기』「옥조」에 근거한 도식**

계속해서 함께 사용된 것이다.

뒷날 혁대는 재료에 따라 신분을 구별하는 역할을 하는 동시에 폐슬, 패옥, 수를 거는 도구로 쓰이고, 대대는 상의를 여며주는 역할과 함께 그 테두리緣 색에 따라 신분을 구별하는 역할을 하게 된다. 두 허리띠를 함께 사용한다는 것은 실용성 면에서 보면 그리 합리적이지는 않다. 그럼에도 훗날까지 혁대와 대대가 공존하는 것은, 실용성을 일부 혹은 전부 상실하더라도 조상들의 삶의 방식을 존중하는 차원에서 여전히 사용했기 때문이었다.

한편 혁대는 띠 위에 여러 개의 장식판을 붙이는데, 이를 띠돈帶錢; 銙板이라 한다. 띠돈은 본래 가죽띠 위에 바로 붙이던 것이었지만, 북제北齊와 수나라 이래 가죽띠에 비단을 두르고 그 위에 붙이는 방식으로 변한다. 우리나라 면복에 쓴 혁대 역시 이런 형태이다.

대대는 『예기』 「옥조玉藻」 편에 의하면 천자, 제후, 대부, 사士가 각기 색이나 형태, 가선을 두르는 부위 등을 다르게 해서 신분을 구별했다. 재료는 모두 견직물이다. 너비는 천자에서 대부까지는 4촌, 사는 2촌인데 허리에 두 번을 둘러 4촌이 되게 한다.

조선시대에도 대대를 견직물로 만들었다. 겉은 흰색으로 하고, 안은 붉은색으로 하며, 가장자리에는 홍색과 녹색으로 가선을 둘렀다. 전체 형태는 허리에 두르는 부분과 아래로 늘어뜨린 부분으로 이루어진다. 허리에 두르는 부분은 '요繚'라 했고, 아래로 늘어뜨린 부분은 '신紳'이라 했다. '요繚'라는 글자는 본래 '두르다'라는 동사인데, 조선시대 대대에서 허리에 두르는 부분을

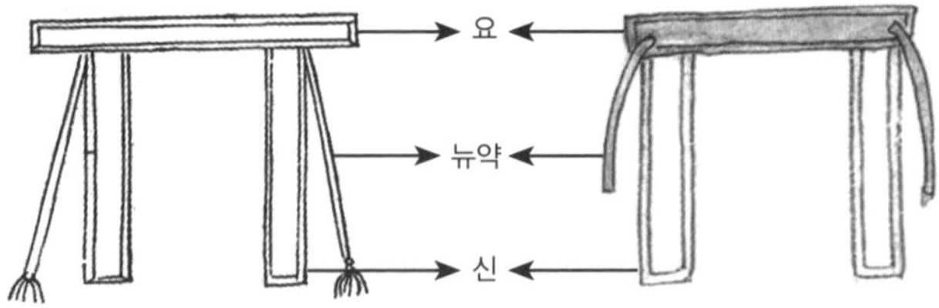


(왼쪽) **조선 전기 왕 면복의 대대. 『국조오례의서례』 「길례」 '제복도설'** | 고대의 대대처럼 자연스럽게 묶은 형태가 아닌 '요'와 '신'으로 나뉘어 양식화된 형태이다. 뉴약은 가는 술띠를 쓰는데, 실용적 기능은 없이 아래로 드리운다.
(오른쪽) **조선 후기 왕 면복의 대대. 『영조국장도감의궤』(1776년) 복완용** | 전기와 마찬가지로 '요'와 '신'으로 구분된 형태이다. 하지만 뉴약은 광다회로 바뀌었고, 대대의 양쪽 끝에 달려서 대대를 허리에 묶는 실질적인 끈의 역할을 한다. 광다회로 바꾼 것은 1713년(숙종 39)의 일이다. 고를 내어 묶은 모습은 효명세자 예진에서 보이며, 실제 모습은 앞서 본 영친왕비의 후수를 통해 알 수 있다.

**조선시대 심의(深衣)의 대대와 조대. 이익정(李益炡) 묘 출토. 단국대학교 석주선기념박물관 소장** | 심의의 대대 묶음 부분에 사용된 조대는 고대 대대에 매던 뉴약의 흔적이다.

**영친왕의 용무늬 투각 옥대(玉帶)의 전면(왼쪽)과 후면(오른쪽). 국립고궁박물관 소장**

가리키는 명사로 쓰였다.

또 대대의 앞부분 양쪽 끝에 술을 단 끈을 하나씩 늘어뜨렸는데, 이것은 고대의 뉴약을 본뜬 것이다. 뉴약은 남색 견사로 엮은 가는 술띠絛兒를 쓰다가 1713년숙종 39부터 광다회廣多會, 넓적한 끈목로 바꾸었다.[11] 가는 술띠일 때는 장식용으로만 부착되었는데 광다회로 바뀌면서 허리에 묶는 실질적인 끈 역할을 하게 된다.

## 붉은색에 신을 향한 마음을 담다 — 바지와 버선

앞에서 중의에 관해 말하면서 한 가지 생략한 내용이 있다. 바로 가선의 색이다. 조선시대 말기 중의는 청색을 쓰기도 했지만 원래 복식제도에서는 흰색으로 규정하고 있다. 이는 중국도 마찬가지였다. 그리고 흰색 중의의 깃, 도련, 소매 끝 등의 가장자리에는 붉은색으로 가선을 둘렀다. 흰색과 극명하게 대조되는 붉은색을 쓴 것인데, 사실 이 붉은색은 중단의 가선에만 쓴 것이 아니라 바지와 버선에도 썼다. 붉은색 바지를 입고, 붉은색 버선을 신은 것이다. '붉은색'이라고 우리말로 풀어서 말했지만 기록에는 중의의 가선과 바지에 '강색絳色'을 쓰는 것으로 나온다. 이 강색이 상징하는 것은 무엇일까?

면복을 포함한 제복의 일부에 붉은색을 쓰는 것은, 제사를 올리는 사람이 제사의 대상에게 진솔한 마음을 표현하기 위해서이다. 즉 '적심봉신赤心奉神'

의 마음을 표현하기 위한 것인데,[12] 이 말은 '마음을 다해 신을 받든다'는 의미이다.

면복은 본래 제사를 올릴 때 착용하던 복식이다. 신을 모시고 기쁘게 하고자 할 때 입던 옷이었으니 의미 없이 가볍게 만들 수는 없는 일이다. 정성을 다해서 신을 받든다는 주제자主祭者의 마음을 표현할 필요가 있었을 터이다. 때문에 복식의 여러 구성 요소 곳곳에 천지와 음양을 형상화하고, 이도 모자라 붉은색으로 정성을 다하는 마음을 표현한다.

일편단심一片丹心이라는 익숙한 표현이 있다. '한 조각 붉은 마음'이라는 뜻으로 하나의 대상을 향한 변치 않는 마음을 표현한 말이다. 여기서 '단심丹心'은 '적심赤心'과 같은 의미이다. '적심'이라는 말은 『순자荀子』「왕제王制」편에 나오는데, 청나라의 왕선겸은 이 말에 대해 "본심本心이 다른 마음에 섞이지 않은 것"이라고 설명했다.[13] 붉은색을 뜻하는 '적赤'이나 '단丹'은 벌거벗어서 아무것도 없음을 나타내고, 여기에 '마음 심心' 자를 붙이면 곧 '진심'을 뜻하게 된다. 따라서 '적심'은 다른 어떤 것에도 물들지 않은, 하나의 대상을 향한 변치 않는 올곧은 마음을 표현한다.

그런데 중의의 가선, 바지, 버선을 붉은색으로 해서 적심봉신의 마음을 표현하던 것이 위진남북조시대에 들어가면 조금 변화를 맞는다. 남조의 양梁나라 때 하동지何佟之라는 신하가 '중의의 가선을 붉은색으로 하는 것만으로도 신을 모시는 마음이 충분히 표현된다'면서 바지를 붉은색으로 하는 규정을 없애자고 건의했고, 이 의견이 수용된다.[14] 실제로 면복제도에서 바지에 대한 규정은 북제 때까지만 보이고 그 이후에는 보이지 않는다.

한나라 때만 해도 면복의 하상은 그리 길지 않았던 듯하다. 화상석을 보면 하상이 종아리 중간쯤까지만 내려와 있기 때문이다. 하상의 길이가 길지 않은 만큼, 속에 입은 바지는 겉으로 드러난다. 따라서 바지를 붉은색으로 해서 '적심봉신'을 표현하는 것이 나름 이유를 갖게 된다. 그런데 위진남북조의 황제가 면복을 착용한 모습을 보면 하상이 땅에 끌릴 정도로 길고, 하상이 길어 바지는 전혀 보이지 않는다. 이 때문에 하동지가 바지를 붉은색으로 하는 것이 의미가 없다고 주장했던 듯하다.

조선의 면복제도에도 바지에 대한 기록은 나타나지 않는다. 평상시에 착용하는 것과 특별히 다른 점이 없기 때문에 언급하지 않은 것으로 보인다.

**한대(漢代)의 면복. 산둥(山東) 성 자샹(嘉祥) 무씨사(武氏祠) 화상석 도식** | 황제(왼쪽)와 순임금(오른쪽)을 묘사한 한대의 화상석이다. 면복의 하상이 길이가 짧아 속에 입은 바지가 보인다. 그러므로 바지를 붉은색으로 하여 '적심봉신'의 마음을 표현했다.

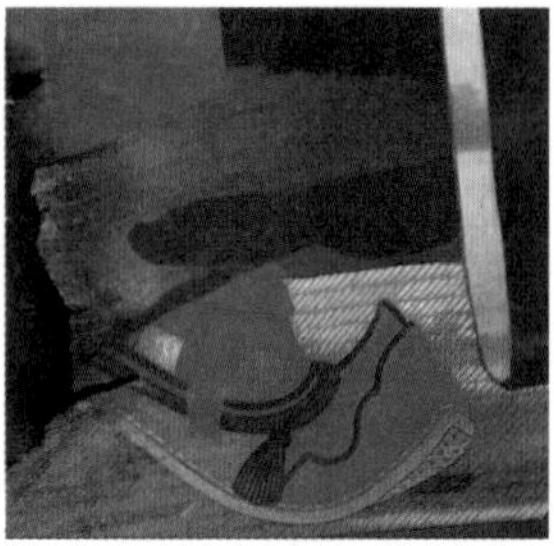

(왼쪽) **조선 후기 왕 면복의 버선. 『영조국장도감의궤』(1776년) 복완용**
(오른쪽) **붉은색 버선 착용 모습. 효명세자 예진(부분)**

문헌에 왕실 남자들이 착용한 바지의 색으로 흰색, 회색, 회보라색, 유록색柳綠色, 고동색, 감청색 등이 보이지만, 이중 흰색이 압도적으로 많다. 예복에 흰색 바지를 입은 것도 여러 자료에서 확인된다. 따라서 면복에도 흰색 바지를 입었을 것으로 추정된다. 위진남북조 이래의 전통이 조선에까지 이어진 것이다.

반면 버선에 대해서는 색과 재료, 모양 등이 확인된다. 중국에서는 명나라 때까지 줄곧 붉은색을 썼고, 조선에서도 마찬가지였다. 붉은색에 '적심봉신'의 마음을 형상화하던 것이 여전히 유지된 것이다.

## 신코에 경계의 마음을 담다 — 석

하상은 너비가 넓어서 주름을 잡아 몸에 착용했다고 말했다. 주름을 많이 잡은 하상을 착용하면 불편하여 자연 조심스럽게 걷게 되기 때문에 그런 행동이 곧 공경의 마음을 표현한다고 보았다.

고대인들은 남녀를 불문하고 신분이 높을수록 크고 넓은 옷을 입었다. 노동을 해야 하는 낮은 신분의 사람들은 몸에 맞는 옷을 입는 경향이 있다. 고귀한 신분일수록 엄숙한 순간이나 경건한 의례에서 기다란 옷 때문에 실수할 가능성이 농후해진다. 이를 해결한 방법이 바로 앞코가 높이 올라간 신을 신어서 옷자락을 들어올리는 것이었다.

요즘은 흔히 볼 수 없지만 우리네 어머니나 할머니 세대까지만 해도 고무신을 많이 신었다. 물론 요즘도 한복을 입을 때면 고무신과 비슷한 모양의 신을 신는다. 고무신의 특징은 앞코에 있다. 평평하지 않게 살짝 위로 들려서 콧망울처럼 양 볼을 도톰하게 처리한 모양새가 참으로 아름답다. 고무신처럼 뾰족한 경우는 많지 않지만, 조선시대의 신도 옆 볼에 비해 앞부분이 봉긋하게 솟아 있다.

전통시대의 신이 이런 모양새를 갖게 된 것은 발등까지 덮는 옷을 걷어올려 보행에 방해가 되지 않게 하려는 이유에서였다. 면복에서도 위진남북조시대 이후 길어진 하상을 걷어올리기 위해 코가 높이 올라간 신을 착용한다.

면복에 신는 신은 '석舃'이라 한다. 고대에 신목이 없는 신은 '리履'로 총칭

영친왕비 금직(金織) 당혜. 국립고궁박물관 소장

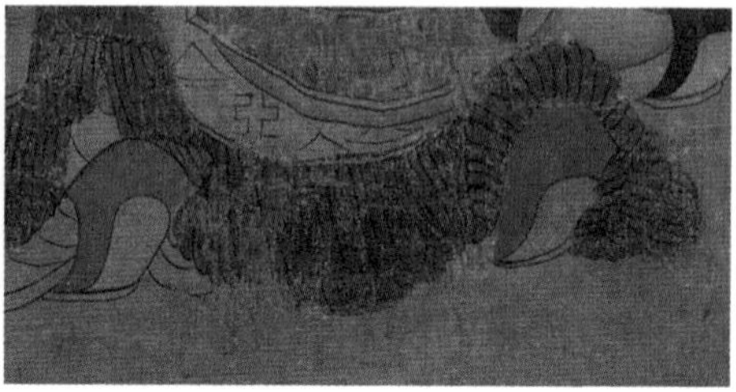

**하상의 주름을 들어올리는 면복의 석. 『역대제왕도』 〈진무제 사마염〉과 그 부분**

하는데(후대에는 주로 '혜鞋'로 총칭), 바닥을 홑으로 하는 경우와 겹으로 하는 경우로 나뉜다. 홑바닥 신은 '구屨'라 하고, 겹바닥 신은 '석舃'이라 했다. 석은 바닥을 겹으로 하고 또 그 두 겹의 바닥 사이에 나무판을 넣은 것이 특징이다. 석은 가장 등급이 높은 신으로, 의례용 예복에 신는다. 의례를 거행할 때 땅바닥에 오래 서 있어야 하므로 땅에서 올라오는 습기를 차단하기 위해 바닥을 이중으로 하고 또 그 사이에 나무를 댔다.

고대 중국의 천자가 신는 석으로는 적석赤舃, 백석白舃, 흑석黑舃이 있었다. 석의 색은 하상의 색을 따르는 것이 원칙이어서 하상의 색이 무엇이냐에 따라 적색, 백색, 흑색의 석을 선택해서 신었다. 면복의 하상은 붉은색이므로 신도 적석을 신는다. 폐슬도 하상의 색을 따르므로 면복에서 하상, 폐슬, 석 이 세 가지는 모두 붉은색을 쓰게 된다. 또 앞에 서술한 바와 같이 바지와 버선 역시 적심赤心을 표현하기 위해 붉은색을 쓴다. 검은색을 쓴 상의와 함께 착용하면 위아래가 극명하게 구분되었을 것이다. 즉 검은색으로 하늘을 상징하고 붉은색으로 땅을 상징하는 시각적 효과를 확실히 얻을 수 있게 된다.

석은 발의 둘레를 감싸는 몸판 부분인 신울이 있고, 이외에 구絇, 억繶, 준純, 기綦 등의 장식이 부착된다. 구絇는 '구句'라고도 한다. 신의 앞머리 한가운데에 있고, 견직물을 둥글게 구부려서 고리 모양으로 만들고 가운데를 비워 구멍을 낸다. 이 구멍은 신 뒤축에 매단 끈인 기綦를 통과시켜서 거는 데 쓴다. 구부려서 무언가를 거는 용도로 쓰기 때문에 '구句'라고 한다. 기를 통과시키기 위한 용도 및 장식 효과 외에, 언행을 삼가고 경계하며 행동거지를 고상하고 우아하게 할 것을 훈계하는 의미를 담는다. 착용자의 언행을 '구속拘束'한다는 의미를 담고 있다. 억繶은 신의 옆 볼과 바닥舃을 잇는 바느질

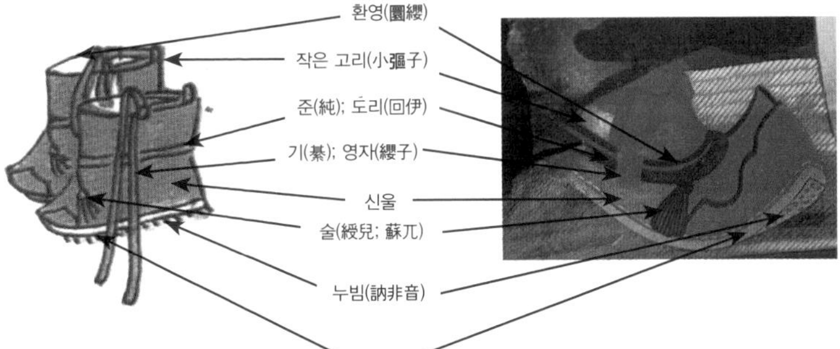


**조선 후기 남자용 적석의 형태 및 명칭. 『정조대왕국장도감의궤』(왼쪽), 효명세자 예진(부분, 오른쪽)**

선 위에 덧대는 가느다랗고 둥근 끈이다. 신 전체에 돌려서 두른다. 준純은 신 입구의 둘레에 두르는 끈목으로 만든 가선을 말한다. 기綦는 신 뒤꿈치에 매는 두 가닥의 끈이다. 신을 때 이 기를 앞으로 보내 구의 구멍에 걸어서 묶는다.

석을 구성하는 이런 여러 장식 중 앞부분에 있는 구는 신코와 직접 관련이 있다. 고리 모양으로 만든 구로 인해 석의 앞코가 위로 봉긋하게 들리는 모양이 되었고, 이 구가 훗날 오랜 기간 변화를 거듭하면서 곶망울 같은 모양으로 완성된 것이다.

한편 석의 몸판인 신울과 그 장식인 구, 억, 준에 색을 쓸 때는 아무 색이나 쓰는 것이 아니라 오행의 이치를 반영하는 색을 쓴다. 이것은 '회차繢次; 繪次'라는 말로 표현된다.

회차는 그림繪; 繢을 그릴 때 배색하는 원칙을 말한다. 회차의 원칙으로 배색을 한다는 것은 오행의 색을 쓰되 대방對方, 즉 서로 반대되는 방향에 있는 색을 쓴다는 것이다. 면복에 신는 적석을 예로 들어보자. 적석은 신울을 적색으로 한다. 적색은 오행에서 화火에 해당하고, 방위로 남쪽에 배속된다. 그럼 적색의 반대 방향, 대방에 위치한 색은 무엇인가? 오행에서 수水에 해당하고, 방위로 북쪽에 배속되는 흑색이다. 따라서 적석에 다는 구, 억, 준의 장식은 모두 흑색으로 한다.

단, 조선과 대한제국에서 이 원칙이 그대로 지켜진 것은 아니다. 조선시대의 석은 전기와 후기의 형태가 조금 다르고, 또 후기도 영조에서 순조 때까지 형태상 큰 변화가 나타난다.

조선 전기. 신목이 있는 형태. 청색 견사로 끈목을 두르고 청색 숙사로 바닥을 맺음. 『국조오례의』에 근거한 복원 도식.

영조-정조. 신목이 있는 형태. 신 위쪽 입구에 끈이 한 가닥 달림. 작은 고리 세 개 부착.

정조-순조. 과도기. 신목이 사라지지만 발목 위쪽을 조금 남겨 그 흔적을 유지함. 『경모궁의궤』

조선 말기. 신목이 없어지면서 위에 달리던 작은 고리와 끈이 신울에 바로 부착됨. 고증에 근거한 복원 도식.

**조선시대 남자용 적석의 시기별 변화.**

전기의 적석은 명에서 보내온다. 본래의 석은 신목 없이 신울에 장식이 달리는 형태인데, 명에서 보내온 석은 신목이 달린 변형된 형태였다. 이렇게 형태가 바뀐 것은 송대의 일이고, 이후 명대까지 지속된다. 또, 다른 장식 없이 발목 부분에 끈목을 둘렀는데, 이것은 준이 변형된 것으로 볼 수 있다. 신울은 붉은색이고 준은 소색素色이다.

후기의 적석은 신목이 있는 형태가 유지되다가 정조와 순조 이후 신목이 없는 형태로 변한다. 신울은 겉을 붉은색으로 하고, 준과 술은 아청색, 즉 검푸른 색으로 만들었으며, 기는 붉은색으로 했다. 한편 적석 유물은 현재 한 켤레가 남아 있는데, 신목이 없는 형태이다. 붉은색 신울에, 준을 황색으로 했으며, 술은 흑색이다. 면복에 착용했던 석이었겠지만 시기나 착장자는 밝혀지지 않았다. 대한제국의 황제나 황태자가 착용했던 것으로 추정된다.

이상의 내용으로 보아 조선시대에 명에서 들어온 석은 본래의 배색 원칙

**적석. 19~20세기 초 추정. 전 엘칸토 박물관 소장** | 적색 신울에 황색 준과 흑색 술을 달았다. 『대한예전』의 규정으로는 대한제국 황제의 석에 해당하지만, 영친왕이 면복을 착용한 흑백사진을 보면 신 입구에 두른 도리의 색이 옅은 색으로 나타나므로 본 유물과 같은 황색을 쓴 것으로 보인다. 제도상 황태자의 도리는 술과 같은 흑색이다. 따라서 이 유물의 착장자가 대한제국 황제인지 황태자인지 확언하기 어렵다.

을 지키지 않았고, 이로 인해 조선에서도 배색 원칙이 고집되지는 않았던 것으로 보인다. 다만 후기에 붉은색 신울에 아청색으로 준과 술을 장식한 것은 회차 원칙에 부합하는 것이다. 따라서 석의 형태는 조선 후기에 우리식의 변용이 일부 발생했고, 또 배색 원칙 등은 고례古禮의 원칙을 일부 회복하는 경향이 있었다고 볼 수 있다.

## 소리로 마음을 다스리다—패옥

인류는 매우 일찍부터 옥기玉器로 몸을 장식했다. 옥은 질이 좋은 것을 구하기 어렵고 또 가공이 쉽지 않아 그 자체로 높은 가치를 지닌다. 이런 특징 때문에 옥은 고귀한 품성과 연결되고, 아름다운 옥기는 덕德과 비견되어 점차 권위의 상징이 되었다. 면복의 패옥 역시 구하기 어려운 귀한 재료였기 때문에 초기에 장식을 하던 데에서 출발하여 후대로 가면서 점차 농후한 상징성을 지녔다.

면복에서는 여러 곳에 옥이 쓰인다. 면관에서 무와 면판을 결합시켜주는 양, 무를 관통하는 비녀, 앞뒤에 늘어뜨리는 류, 귓가에 늘어뜨리는 충이 등에 여러 가지 색의 옥을 쓴다. 또 후수에 옥환玉環을 붙이고, 혁대의 장식판인 띠돈도 옥으로 하며, 규圭 역시 옥을 쓴다. 그런데 여기에 쓰이는 옥들은 하나의 재료로서, '옥' 자체에 어떤 의미가 있는 것은 아니다. 옥이 옥으로서의 성질을 대표하면서 자신만의 상징성을 드러내는 것은 패옥佩玉에서이다.

'패옥'이란 말은 '옥을 패佩한 것'으로 풀이할 수 있다. '패'는 흔히 '차다'라는 의미로 쓰이지만, 여기서는 '배倍'의 의미이다. 배는 '더하다'라는 뜻으로, 하나가 아니라 여러 개의 사물을 더해 쓴다는 의미다. 모양이 서로 다른 여러 개의 옥을 엮으면 '패옥'이 되고, 나무를 엮으면 '패목佩木'이 되며, 돌을 엮으면 '패석佩石'이 된다.

예복에 혁대를 두르고, 그 혁대에 옥으로 만든 기물을 걸어서 찼다는 것은 일반적으로 알려진 사실이다. 그런데 나무로 만든 기물을 찼다는 것은 흔히 알려진 사실이 아니다. 이에 관해서는 『예기』「옥조」 편에 설명이 보인다. 양쪽 허리에 기물을 찰 때 왼쪽에 차는 것은 좌패左佩, 오른쪽에 차는 것은 우패右佩라 한다. 좌패는 옥을 엮은 것이고, 우패는 나무를 엮은 것이다.

고대에는 천자부터 사士까지, 군자君子라면 반드시 상례喪禮를 치를 때를 제외하고는 항상 옥을 차야 했다. 옥은 덕을 상징한다고 보았기 때문이다.

고대인들은 군자가 지녀야 할 최고의 덕목이 '덕'이라고 여겼고, 때문에 덕을 상징하는 패옥을 '옷의 중심服之衷'이라고 보았다.[15] 그리고 왼쪽에 차는 옥이 덕을 상징한다고 보아 좌패를 '덕패德佩'라 했다.

패옥, 즉 덕패는 대개 형衡, 거琚, 우瑀, 황璜, 충아冲牙; 衝牙로 구성된다. 이들 옥은 각기 모양이 다르고 위치도 다르다. 형은 가로로 길쭉한 모양이고, 가장 윗부분에 있다. 그 아래에 거 두 개와 우 한 개가 있는데, 우가 가운데에 있고 거는 양옆에 있다. 가장 아래에는 황과 충아가 있는데, 가운데에 충아가 있고 황은 양옆에 있다. 그리고 이들 옥의 중간중간을 작은 진주蠙珠로 연결한다.

패옥을 찬 채 길을 걸으면 황과 충아가 서로 부딪쳐 '쟁쟁鏘鏘' 하고 소리를 낸다. 군자는 이 소리를 들으면서 사악한 마음이 자신 안으로 들어오지 못하게 다스려야 한다. 이것은 수레를 탈 때 수레에 매단 난鸞이나 화和 등의 방울에서 나는 소리를 들으면서 마음을 다스리는 것과 같은 이치이다. 진정한 군자라면 길을 걸을 때나 수레를 탈 때나 항상 조화롭게 울리는 소리를 들어서 자신의 마음을 다스려야 함을 의미한다.

패옥의 소리가 이렇게 중요한 상징을 함유하고 있기 때문에, 신하가 군주를 조회할 때는 사전에 옷을 갖춰 입고 예행연습을 하는데 이때 가장 중요한 것이 패옥 소리와 걸음걸이를 잘 맞추는 것이었다. 조회를 할 때 울리는 음악, 걸음의 빠르기, 패옥 소리 등 세 가지의 박자가 서로 맞아야 했기 때문이다. 걸음을 나타내는 한자에는 시時, 행行, 보步, 추趨, 주走, 분奔 등이 있

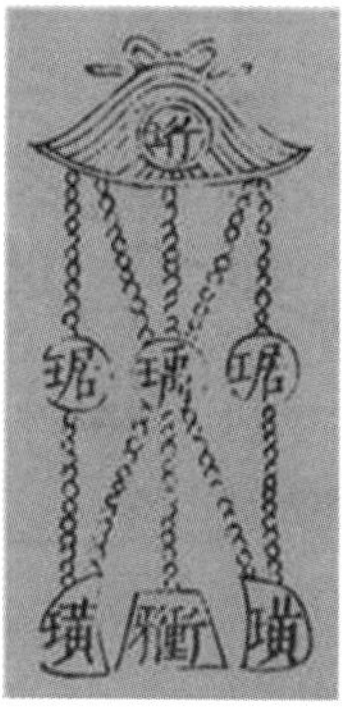

패옥의 구조. 명(明), 『삼재도회』「衣服一卷」'雜佩圖'

다.[16] 시時가 가장 느리고 뒤로 갈수록 점점 빨라져서 분奔은 빨리 달리는 정도로 이해하면 된다. 궁궐 안에서는 장소에 따라 걸음의 빠르기를 달리해야 하고, 걸음걸이가 달라지면 몸에 찬 패옥 소리도 달라진다. 또 걸음에 맞춰 음악도 빠르기를 달리해야 한다. 덕패는 이렇게 상황에 맞는 조화로운 소리를 통해 덕을 상징하는 자신의 역할을 다한다.

이에 비해 우패는 나무로 만든 부싯돌燧과 송곳觿 등의 생활필수품을 엮은 것이다. 부싯돌이나 송곳은 고대 인류가 이동 생활을 할 때 몸에 차고 다녔던 기물로, 일을 할 때 썼던 도구들이다. 그렇기 때문에 우패는 '사패事佩'라고도 부른다. '사事'는 일, 즉 노동을 해서 위를 섬긴다는 의미를 담고 있다.

덕패와 사패는 사士 이상의 모든 군자가 찬다. 그런데 상황에 따라 덕패와 사패를 적절하게 처리해야 하는 경우가 있다. 그 '상황'이란 천자나 제후의 아들인 세자가 자신의 아버지, 즉 군주 앞에 있을 때, 신하가 군주 앞에 있을 때, 제사를 지내기 전 재계齋戒할 때 등을 말한다.

세자는 혼자 있을 때는 덕패와 사패를 그대로 늘어뜨릴 수 있다. 그러나 군주의 조회 등 군주가 있는 곳에서는 덕패를 늘어뜨리지 못한다. 세자가 군주 앞에서 감히 덕을 드러낼 수 없는 것이다. 때문에 왼쪽에 찬 덕패의 수綬, 여기서는 옥을 연결한 끈을 말함를 묶어서 옥이 울리지 않게 하여, 자신은 덕이 없음을 상징적으로 표현한다示己無德. 반면 사패는 그대로 늘어뜨려 자신이 군주를 위해 일하는 존재임을 드러낸다示有勞役之事.

일반 신하들은 군주 앞에서 언제나 패옥을 늘어뜨린다. 세자처럼 걷어올리지 않는다. 고대의 예에서는 신분이 높아서 참람되게 군주를 넘볼 위험이 있는 존재는 군주와 같은 예를 행하지 못하게 하지만, 신분이 낮아서 군주를 넘볼 위험이 없는 존재는 군주와 유사한 예를 허락하는 경우가 있다. 폐슬이 대표적인 경우다. 폐슬은 천자, 제후, 대부, 사가 신분별로 조금씩 형태를 달리한다. 특히 제후와 대부는 천자와 같은 모양의 폐슬을 쓸 수 없다. 그러나 사는 천자와 같은 형태로 한다. 제후나 대부에 비해 한참 낮은 신분인 사는 같은 형태를 하더라도 혐의될 것이 없기 때문이다.[17] 같은 원리가 패옥에도 적용된다. 한 나라 안에서 세자는 군주 다음으로 권력을 지닌 사람이고, 군주의 권력을 계승할 정통성을 지닌 인물이다. 자칫 그의 권력이 군주를 능가할 가능성이 있다. 이 때문에 군주가 지녀야 할 '덕'을 세자로 하여금 드러내지 못하게 하고 군주에게 양보하게 한다. 군주가 있을 때 덕을 드러내야 하는 존재는 오직 군주뿐이다. 군주를 차별화시켜 그의 권위를 절대화하는 것이다. 그러나 신하들은 감히 군주와 덕을 다툴 상대가 되지 못하기에 덕패를 묶지 않고 그냥 둘 수 있다.

그러나 이런 원칙도 신 앞에서는 적용되지 않는다. 제사를 지내기 전에는 며칠 동안 몸과 마음을 깨끗이 하며 행동을 삼가는 재계의 시간을 갖는다. 사특한 기운이 들어오지 못하게 하고 오직 신령神靈만 생각하도록 마음을 가다듬는 시간이다. 이때는 비록 천자라도 덕패와 사패를 모두 묶어서 위로 걷어올린다. 신 앞에서는 천자라도 함부로 덕을 드러내지 말아야 하고, 또 신령을 생각하는 외에 다른 일은 염두에 두지 말아야 하기 때문이다. 마치 신 앞에서는 그 어떤 세속적 신분도 절대적 존재가 될 수 없고 그 어떤 일도 중요치 않음을 표현하는 듯하다.

좌패인 덕패는 옥을 쓰고 우패인 사패는 나무를 쓰는 제도는 후대에 양쪽 모두 옥을 쓰는 것으로 바뀐다. 또 구성도 양쪽을 같게 하게 되면서 사패를 이루었던 부싯돌과 송곳은 사라지고 옥으로 만든 형, 거, 우, 황, 충아만 남는다. 이런 변화가 언제 나타났는지 알 수 없으나 전국시대 유적지에서 혁대를 두르고 양쪽에 같은 모양의 패옥을 걸어 늘어뜨린 나무인형이 출토되므로, 이때 이미 좌우를 같게 한 것으로 보인다. 면복에 쓰는 패옥 역시 좌우를 같게 하며, 우리나라에도 이런 형태로 들어온다.

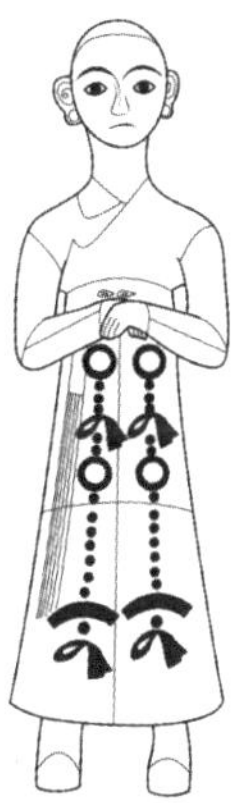

**전국시대 패옥. 후베이(湖北) 성 장링(江陵) 무창의지(武昌義地) 6호묘 출토 초나라 나무인형의 도식**

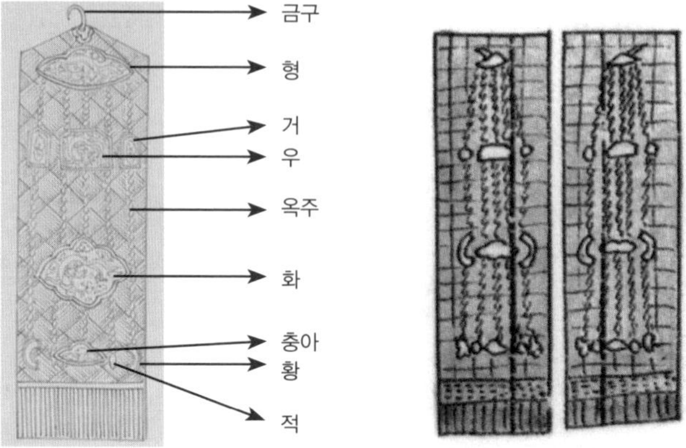


(왼쪽) **조선시대 패옥 구조. 『세종실록오례의』「길례서례」〈관면도冠冕圖〉**
(오른쪽) **조선 후기 패옥. 『영조국장도감의궤』(1776년) 복완용**

조선시대의 패옥은 원래대로 형, 거, 우, 황, 충아로 구성된다. 그리고 명나라의 영향을 받아 여기에 옥화玉花와 옥적玉滴이 더해진다. 옥화는 꽃받침 모양의 큰 옥이고, 우 아래에 있다. 옥적은 물방울滴처럼 작은 옥이고, 두 개로 구성되며, 황과 충아 사이에 있다. 또 형 위에는 금으로 만든 고리金鉤를 달아 대대나 혁대에 건다. 본래 패옥은 혁대에 걸어야 하지만 조선 전기 면복에는 혁대를 착용하지 않았으므로 대대에 걸었을 것이고, 조선 후기에 혁대를 착용하면서부터 혁대에 걸었을 것이다.

또 조선시대 상례喪禮에서 대렴을 할 때 패옥은 진짜 옥 대신 비단에 모양만 그린 것을 관 내부 시신의 좌우에 둔다. 그러나 때로는 예외가 있어, 순종은 진짜 패옥을 넣었음이 사진을 통해 확인된다.

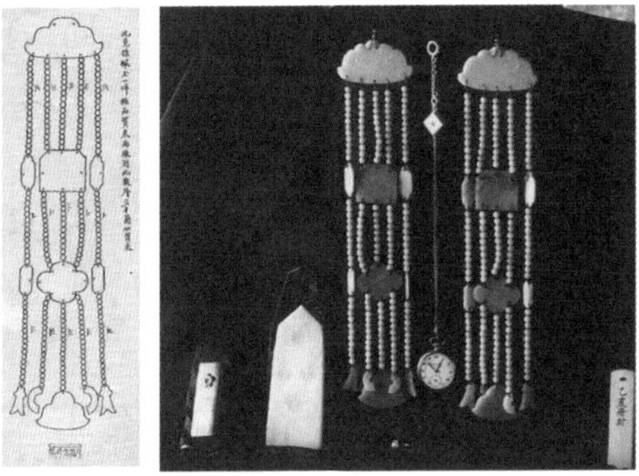

(왼쪽) **패옥도. 장서각 소장**
(오른쪽) **순종의 패옥** | 왼쪽부터 오얏 문장패, 규, 패옥, 패옥 사이의 회중시계, 을해책봉패(1875년 2월 18일 왕세자 책봉 때의 표식 패) 등. 순종이 잠들어 있는 유릉(裕陵)에 복완(服玩)으로 넣어졌다. 패옥도와 순종 패옥의 형태가 일치한다.

## 통치권의 상징—규

앞에서 수綬에 관해 서술하며 선진시대에 '시신示信'의 기물로 쓰인 것이 규벽圭璧이라 했다. 규圭와 벽璧은 모두 옥을 재료로 하는 물건인데, 길죽하게 생긴 것을 '규'라 하고 둥그런 모양 가운데에 구멍이 있는 것을 '벽'이라 한다. 이 두 가지는 모두 고대 의례에 사용되던 기물로, 지니고 있는 사람의 권위를 나타냈다.

'시신', 즉 믿음을 보여준다는 것은, 누군가를 믿고 일정 지역을 통치할 권한을 맡겼음을 의미한다. 나라를 다스릴 권한을 천자는 하늘天로부터 받는다. 그것이 천명天命이다. 또 제후는 한 지역을 다스릴 권한을 천자로부터 받는다.

그런데 천명은 실물實物로 존재하지 않는다. 그렇다면 천명을 받았음을 어떤 방식으로 형상화했을까? 천명을 가시적으로 드러내야 통치에 효과적이었을 것이다. 안타깝게도 고대의 예서에 천자가 나라를 창업할 때 천명을 상징하는 규를 받는 의식이 있었다는 기록은 보이지 않는다. 다만 후대에 옥새가 통치권의 상징이 된 후 등극의례에 신하로부터 옥새를 받는 절차가 있는 것으로 보아, 옥새를 사용하기 이전의 선진시대에는 옥새 대신 규를 바치지 않았을까 추정할 뿐이다.

제후의 경우는 간단하다. 천자가 제후를 분봉分封하면서 제후가 영지로 갈 때 규나 벽을 주고, 규를 줄 때는 규 위에 덮는 모冒를 남겨둔다. '모冒'는 '모瑁'라고도 쓰며 '덮는다'는 의미이다. '덕이 천하를 덮을 만하다'는 의미가 담겨 있다. 즉 천하를 덮을 만한 천자의 덕을 모로 형상화한 것인데,[18] 이 역시 옥으로 만든다. 분봉된 지역으로 나간 제후가 천자에게 조회를 하기 위해 들어올 때는 규를 가져오고, 천자는 그 규에 자신이 갖고 있던 모를 덮는다. 규와 모가 서로 잘 들어맞아야 천자가 임명한 합법적인 제후로 인정을 받는다.

규는 의례를 올릴 때 손에 드는 길쭉한 모양의 옥기玉器이다. 종류도 다양하고, 다양한 종류만큼 형태나 상징도 각기 다르다. 그중 천자가 쓰는 규로는 대규大圭와 진규鎭圭가 대표적이다. 대규는 길이가 3척으로 길기 때문에 '대大'라는 명칭을 얻었다. 대규는 '정珽'이라고도 하는데, 곧아서挺然 굽히는

(왼쪽) **조선 후기 왕 면복의 규. 『영조국장도감의궤』(1776년) 복완용**
(오른쪽) **영친왕 옥규. 국립고궁박물관 소장** | 규의 부속인 함, 주머니, 감이(甘伊). 규의 아랫부분은 비단으로 감싸는데, 조선시대에는 이를 '감이'라 했다. 우리말 '싸개'의 이두식 표현이다. 조선시대에는 홍색을 썼고 대한제국시대에는 황색을 썼다.

것이 없음, 곧 방정方正함을 상징한다. '곧다'거나 '굽히지 않는다'는 것은 모양을 위아래 모두 둥글게 굴리지 않고 모가 나게 한 데서 의미를 취한 것이다. 진규는 길이가 1척 2촌이다. '진鎭'은 '안安'과 같은 뜻으로, '사방四方을 안정시킨다'는 의미를 담는다. 그러므로 진규에는 '사방의 산'을 형상화한 산 무늬를 새긴다. 대규는 대대와 혁대 사이에 엇갈려서 끼우고, 진규는 손에 든다.

그런데 옛날 사람들이 의식을 거행할 때 손에 드는 길쭉한 기물이라면 요즘 사람들에게 더 익숙한 용어는 '규'가 아닌 '홀笏'일 것이다. '홀'은 '손에 드는 판'이라는 의미로 '수판手板'이라 부르기도 하고, 또 '깜박함'을 뜻하는 '홀忽'과 통용되기도 한다. 신하가 군주 앞에 나아갔을 때 어떤 일을 깜박 잊는 것을 방지하기防忽忘 위해 군주에게 아뢰려고 생각해둔 것, 군주의 질문에 대답할 것, 군주로부터 명을 받아 행해야 할 것 등을 홀에 쓴다.[19] 이 세

가지가 홀의 용도이다. 첫번째와 두번째는 군주 앞에 가기 전에 홀에 써야 하는 것이고, 세번째는 군주 앞에서 명을 받았을 때 홀에 써야 하는 것이다. 또한 군주 앞에서 어떤 물건이나 사람을 가리킬 일이 있을 때 손으로 직접 가리키면 예의가 없다고 여긴다. 이 경우 홀을 들어서 가리켜야 한다.[20]

그런데 규와 홀에 관해 가장 흔히 듣는 질문은 규와 홀이 신분에 따라 구별되는가 하는 점이다. 사람들은 대개 "규는 왕이 드는 것이고 홀은 신하가 드는 것인가?"라고 묻는다. 답부터 말하자면, 그 말은 틀리기도 하고 맞기도 하다. 틀리다는 것은 규와 홀이 같다는 뜻이고, 맞다는 것은 규와 홀이 다르다는 뜻이다.

위에서 본 것처럼 홀의 본래 의미와 네 가지 용도는 군주에 대한 신하의 행위에 국한된다. 이 경우 홀은 사용자를 신하로 한정해서 말한 것으로 볼 수 있다. 특히 후대에는 대개 규는 군주의 경우에 쓰고 홀은 신하의 경우에 썼다. 조선과 대한제국에서도 규는 왕, 왕세자, 왕세손, 황제, 황태자 등에만 한정해서 쓰고, 신하들은 홀이라 했다. 그렇기에 "규는 왕이 드는 것이고 홀은 신하가 드는 것"이라는 말이 맞다는 것이다. 반면 고대의 경서를 보면 규와 홀을 혼용하는 경우가 종종 나타난다. 예를 들어 대규에 관해 말하면서 어떤 곳에서는 '규'라 하고 어떤 곳에서는 '홀'이라 한다.[21] 여러 내용을 종합하면 규는 홀의 일종으로, 홀이 규보다 넓은 개념으로 쓰이고 있다는 사실을 알 수 있다. 이는 곧 두 기물이 신분에 따라 차별적으로 사용된 것이 아님을 의미한다.

## 둥글게, 그리고 모나게—방심곡령

방심곡령方心曲領은 후대에 가서 예복을 입을 때 목에 거는 장식으로 정착한 물건이다. 그런데 처음부터 이런 모양이었던 것은 아니다.

'곡령'이라는 명칭은 한나라 때부터 보인다. 이때는 '방심'이란 말은 나오지 않는다. 예복을 갖춰 입을 때 중의를 입고 그 위에 두르던 물건을 가리키며 턱 아래에 둥글게曲 둘러 목領을 감싸서 가리기 때문에 '곡령'이라 했다.[22] 이렇게 곡령을 착용하면 안에 입은 중의의 깃을 가리게 되고, 그 겉에 곧은 깃으로 된 예복 상의를 입으면 상의의 깃이 교차하는 사이로 곡령이 드러난다. 미국 보스턴미술관Museum of Fine Arts Boston 소장 『역대제왕도歷代帝王圖, *The Thirteen Emperors*』를 보면 면복을 착용한 황제들이 목 부분에 무언가 두르고 있는데, 방령은 그것과 유사한 형태였을 것으로 추정된다.

'곡령'과 '방심'이 함께 나오는 것은 북제 때 관원들의 조복제도를 규정하면서이다.[23] 비록 '방심곡령'이 아닌 '곡령방심'으로 나오지만, 이것이 양자가 함께 나오는 효시이다. 이어 수나라는 북제의 복식제도를 전면적으로 채용하는데, 이때 비로소 명칭이 '방심곡령'으로 규정된다.[24] 수나라에서 정착된 방심곡령은 이후 당나라와 송나라를 거쳐 명나라 때까지 이어진다.

처음에 '곡령'이라 부를 때의 형태는 앞서 말했다. 그런데 후대에 '방심곡령'이라 부를 때의 형태는 이와 조금 다르다. 시각 자료로 구체적인 형태가 확인되는 것은 송대 이후부터인데, 애초의 '곡령'과는 달리 둥글게 굽어曲

목領에 걸 수 있는 윗부분과 모나게方 생겨서 가슴心 부분에 닿게 하는 아랫부분으로 된 이중구조이다. 언제부터 이런 형태의 방심곡령을 썼는지는 알 수 없다. 다만 둥근 모양으로 하늘을 상징하고, 모난 모양으로 땅을 상징하기 위해 이렇게 만든 것으로 보인다.

그런데 곡령 혹은 방심곡령은 위진남북조시대까지만 해도 황제의 옷에서는 나오지 않고 황태자와 신하의 옷에서만 나온다. 북제 때 제정된 '곡령방심' 역시 신하의 옷이었다. 그러다가 수나라 때부터 황제의 조복인 통천관복, 황태자의 조복인 원유관복, 신하의 조복에 방심곡령이 포함된다. 그리고 이 제도는 명나라 때까지 지속된다.

여기서 한 가지 의문이 생길 수 있다. 방심곡령은 면복을 입을 때 착용한 것이 아닌가 하는 의문이 그것이다. 문헌의 규정은 그렇지 않지만, 명대의 많은 그림에는 면복에 방심곡령을 두른 모습이 나타나고, 조선시대에도 방심곡령이 면복에 착용되었기 때문에 생기는 의문이다. 그런데 여러 자료를 종합해보면 조선시대에도 초기에는 면복에 방심곡령을 착용하지 않은 듯하고, 방심곡령 착용은 세종 대 이후부터 성종 대 사이에 정착되었다고 볼 수 있다.

방심곡령의 색은 처음에 곡령만 단독으로 있을 때부터 흰색을 썼고 이는 조선시대에도 변함이 없다. 다만 조선시대 방심곡령에는 곡령 부분 양옆에 끈纓이 하나씩 달리는데, 왼쪽은 녹색이고 오른쪽은 홍색이다. 현재 남아 있는 효명세자 예진에서도 흰색의 방심곡령과 함께 왼쪽에 달린 녹색 끈이 확

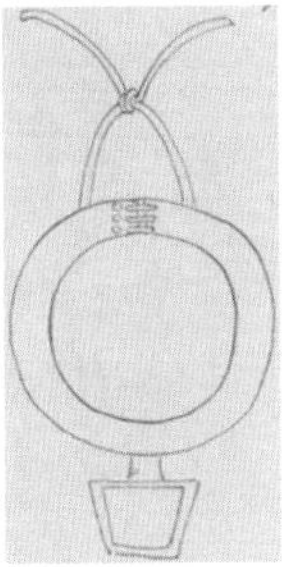

전기. 『세종실록오례의』 '왕세자관복'

전기. 『국조오례의』 '전하면복'

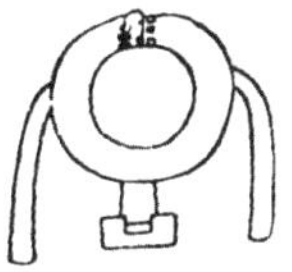

후기. 『국조속오례의보』 '왕세손면복'

후기. 『영조국장도감의궤』(1776년) 복완용

**조선시대 방심곡령** | 『세종실록오례의』에서는 끈을 목뒤에서 묶어 등뒤로 늘어뜨린 형태로 나타나지만, 『국조오례의』 이후부터는 묶지 않고 양쪽 앞가슴에 하나씩 드리운 형태로 나타난다. 끈의 착장법이 바뀐 것으로 추정된다.

인된다. 또 곡령의 뒷부분이나 옆의 어깨에 닿는 부분에는 연봉매듭 모양의 단추丹樞를 달아 간편하게 착용할 수 있게 했다.

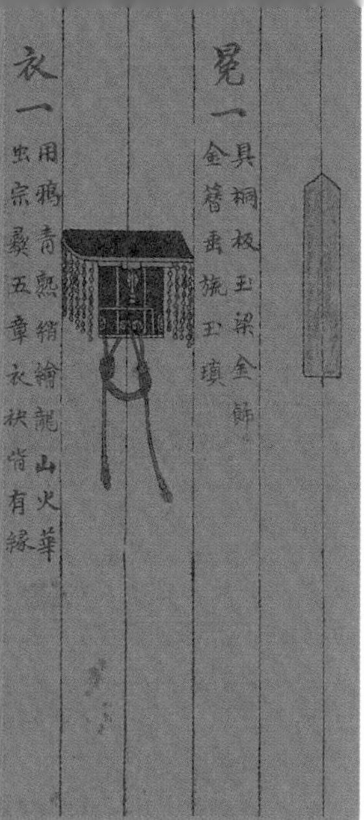


# 3

# 진정한 군주의 덕목
## — 12장 무늬

전통시대의 복식은 때로 옷 이상의 의미를 지닌다. 가장 대표적인 옷이 면복인데, 12장문은 면복에서도 가장 특징적인 것이다. 12장문에는 고대 유학자들이 이상적으로 생각했던 정치관과 우주관이 두루 들어 있다.

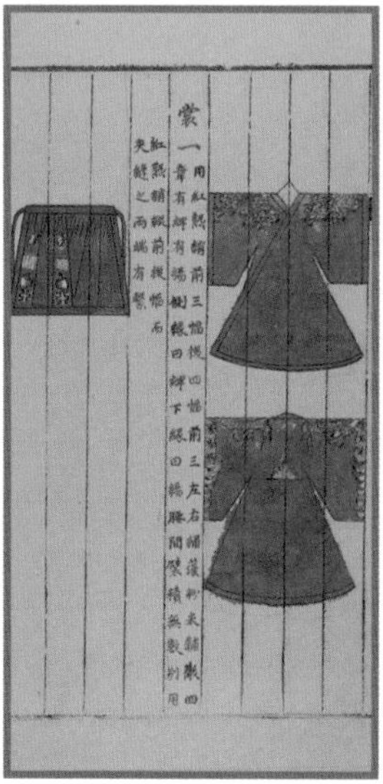

裳一 用紅熟綃前三幅後四幅前三左右幅後初夾繡黻四
章有緣有襦側緣回緣下緣回綃腰間襞積無數別用
紅熟綃緞前後幅右
夾縫之兩端有繫

면관의 류와 충이는 아랫사람의 작은 잘못을 보아도 못 본 척하고 들어도 못 들은 척해야 한다는 군주의 덕목을 강조하는 장치임을 앞에서 말했다. 하지만 군주가 이렇게 선량하기만 하면 나라를 제대로 통치할 수 있을까? 거칠기 짝이 없는 현실 속에서 과연 백성을 잘 이끌 수 있을까? 단순히 생각해도 그럴 것 같지 않다. 아니, 선량한 덕목만 지니고 있으면 오히려 우유부단하고 무능한 군주로 전락하기 쉽다. 자신을 따르는 백성을 잘 이끌기 위해서는 가장 기본적으로 그들을 먹여 살릴 능력이 있어야 하고, 이를 위해 때로는 과감한 결단도 필요할 것이다.

그렇다면 전통시대 최고 예복인 면복에서 군주가 갖추어야 할 덕목을 표현할 때 아랫사람의 작은 잘못을 눈감아주는 아름다운 덕목만 강조하고 군주의 실질적 능력은 배제했을까? 동양 전통사회에서 경제 방면이나 통치 기술에 관한 군주의 능력은 과연 '덕목'에 포함되지 않았을까? 면복이란 그렇게 가볍게 보고 넘길 옷이 아니다. 기나긴 동아시아 역사 속에서 변함없이 군주의 옷으로, 그리고 군주의 여러 복식 중에서도 최고 등급의 옷으로 존재할 수 있었던 이유가 분명히 존재한다. 이제 면복의 12장 무늬에 담긴 군주가 갖추어야 할 자질과 그 이상理想에 대해 알아보고, 아울러 그 무늬 속에 상징적으로 표현된 전통 사상에 대해서도 살펴보자. 면복에 표현하는 12장 무늬는 일日, 월月, 성신星辰, 용龍, 산山, 화火, 화충華蟲, 종이宗彝, 조藻, 분미粉米, 보黼, 불黻이다.

## 문질빈빈

『논어』에서 공자는 군자의 조건으로 "문질빈빈文質彬彬"을 말했다. 여기서 '빈빈彬彬'은 서로 다른 것들이 반반씩 섞여 조화를 이룬 상태를 말한다. 그리고 '문文'이란 글자는 본래 성화聖化를 위해 사람의 몸 위에 인위적으로 새긴 문신文身을 뜻하고, 반면 '질質'이란 글자는 인위적으로 꾸미기 이전에 자연적으로 주어진 바탕을 뜻한다. 각기 문식文飾과 질박質朴을 뜻하는 만큼, 문명 이후와 문명 이전(즉 야만)을 상징하는 글자들이라 할 수도 있다. "문질빈빈"은 문과 질, 문식과 질박이 서로 다르지만 함께 조화를 이루어야 군자라 일컬을 수 있다는 뜻이다.

고대 유학자들은 모든 예를 행할 때는 문식과 질박이 적절하게 조화를 이룬 상태가 이상적이라 보아 격格에 맞지 않는 지나친 소박함이나 지나친 화려함을 경계했다. 하지만 무엇이 문과 질의 적절한 조화인지에 대해 유학자마다 의견이 달라 예와 관련된 수많은 논란이 생기기도 하는데, 면복 역시 논란을 피해가지 못한다.

앞머리에서 면복을 간략히 소개할 때, 주나라에서 면복이 체계적으로 완성되는데 총 여섯 가지 면복이 있어 육면복六冕服이라 부르고 또 육면복에는 대구면大裘冕, 곤면袞冕, 별면鷩冕, 취면毳冕, 치면希冕; 絺冕, 현면玄冕이 있다고 했다. 대구면이 가장 등급이 높고, 차례로 한 등급씩 내려가 현면이 가장 낮은 등급이다. 이들 육면복은 면관에 있는 류와 옷에 있는 무늬를 다르게 하여, 각각 다른 상황에서 착용한다. 또 대구면은 천자만 입지만 곤면복부터 현면복까지는 제후 및 신하들도 신분에 따라 차등적으로 입을 수 있었다.

**신분에 따른 착용 면복의 종류**

| 신분 | 면복 종류 |
| --- | --- |
| 왕(王: 천자) | 대구면, 곤면, 별면, 취면, 치면, 현면 |
| 공(公) | 곤면, 별면, 취면, 치면, 현면 |
| 후(侯), 백(伯) | 별면, 취면, 치면, 현면 |
| 자(子), 남(男) | 취면, 치면, 현면 |
| 고(孤) | 치면, 현면 |
| 경(卿), 대부(大夫) | 현면 |

육면복 가운데 문과 질에 관한 논쟁의 주요 대상이 되었던 것은 대구면이다. 위에서 언급한 면복의 종류 및 착용 상황 등에 관한 기록은 대표적으로 『주례』의 「사복司服」 편에 나온다. 이에 따르면 대구면은 호천상제昊天上帝와 오제五帝에게 제사를 지낼 때 착용하는 옷이다. 호천상제와 오제는 모두 하늘신이므로, 대구면은 하늘에 제사를 지낼 때 입는 옷인 셈이다.

유학자들은 예를 행함에 절대적인 대상 앞에서는 질박함을 드러내고, 그보다 아래 등급의 대상에는 문식을 드러내야 한다고 봤다. 지극히 숭고한 대상에 대해 함부로 아름다움을 드러내는 것은 경박하다고 보고, 이보다 낮은 대상에 대해서는 지나치게 질박함만 강조하면 자칫 초라해질 수 있으므로 문식을 통해 존중하는 마음을 드러내는 것이 예라고 본 것이다.

제사 대상 중에서 가장 절대적인 존재는 하늘이다. 따라서 하늘에 대한 제사에 천자가 대구면을 입을 때는 문식이 아닌 질박함을 드러내야 한다. 그러므로 대구면의 면관에는 류가 없고, 상의와 하상에는 무늬가 없다. 하늘에 제사를 지낼 때 본래 제단祭壇도 쌓지 않고 질박하게 땅을 쓸기만 한 후 그 자리에서 제사를 올리는 것이라든가(후대로 가면서 원구단을 만듦), 화려한 제기祭器가 아닌 질그릇이나 바가지를 쓰는 것도 같은 이치이다. 반면 이보다 한 등급 아래인 종묘 제사에는 질박함이 아닌 문식을 드러내야 한다. 천자가 종묘 제사에 입는 곤면복에는 앞뒤에 각각 12류를 늘어뜨리고, 상의와 하상에는 12장 무늬를 표현한다.

제사 대상에 따른 류와 무늬의 사용에 관한 일반적인 이치는 위와 같다. 그런데 어떤 사람들은 대구면에 류나 무늬가 없는 것에 의문을 표한다. 대구면에도 당연히 12류와 12장 무늬를 사용해야 한다는 것이 그들의 견해이다. 하늘 제사에 질박함을 드러내야 하는 것은 맞지만, 종묘 제사에 입는 옷에 류와 무늬가 있으니 이보다 등급이 높은 하늘 제사에 입는 옷에도 당연히 있어야 한다는 논리이다.

이렇게 면관의 류와 옷의 무늬는 문질 논란에 직접 맞닿아 있다. 육면복 모두 혹은 대구면을 제외한 오면복이 각 면복의 종류와 등급에 따라 넘치지도 모자라지도 않게 류와 무늬를 적절하게 사용하는 것이 '문질빈빈'이 완성된 모습일 것이다. 또 이 무늬들이 상의와 하상에 적절하게 배치되고, 색이 적절하게 조화를 이룬 모습이 '문질빈빈'이 완성된 모습일 것이다. 그러면 무늬의 배치와 배색에서의 그 '적절함'이란 무엇일까?

## 무늬의 배치에 함유된 천지와 음양

『주역』에 보면 "황제·요·순黃帝·堯·舜, 수의상이천하치垂衣裳而天下治"라는 문장이 있다. 이 문장은 흔히 '옛날 옛적 황제와 요순의 시절에는 옷을 아래로 늘어뜨리고만 있어도 천하가 다스려졌다'는 말로 이해된다. 곧 아무런 인위적 노력도 하지 않아야 잘 다스려진다는, 소위 무위지치無爲之治를 가리킨다고 해석된다. 그런데 위魏나라 왕필王弼, 226~249과 당나라 공영달孔穎達, 574~648의 해석에 근거해서 꼼꼼히 보면, 이 문장은 인류가 옷을 창조한 역사와 그 형태의 근원을 설명한 것이다.

위 문장 뒤에는 "개취저건곤蓋取諸乾坤"이라는 구절이 이어진다. 이 구절까지 붙여서 왕필과 공영달의 해석을 적용하면, 위 문장은 "황제가 창조하고 요임금과 순임금이 완성한 상의와 하상을 늘어뜨려 귀천을 구별함으로써 천하를 다스렸는데, 상의와 하상은 건괘와 곤괘를 본뜬 것이다"[25]라고 번역할 수 있다.

『주역』 64괘 가운데 하늘天을 상징하는 것은 건괘乾卦, ☰이고 땅地을 상징하는 것은 곤괘坤卦, ☷이다. 건괘는 양효陽爻인 '⚊'으로 구성되고, 곤괘는 음효陰爻인 '⚋'으로 구성된다. 양은 하나의 선으로 형상화하고, 음은 두 개의 선으로 형상화한다.

앞서 상의와 하상의 형태를 살펴보았는데, 상의는 한 덩어리로 만들어지고 하상은 전상과 후상이 따로 떨어진 두 덩어리로 만들어진다. 한 덩어리로 만들어진 상의는 양효를 본뜨고, 두 덩어리로 만들어진 하상은 음효를 본뜬 것이다. 위에 인용한 『주역』 문장에서 '상의와 하상은 건괘와 곤괘에서 취했다'는 이를 말한다. 물론 천지와 음양의 형이상학적 이론이 먼저 나오고 그 이론에 따라 상의와 하상을 만든 것은 아닐 것이다. 상의와 하상이 먼저 생기고 나중에 천지와 음양의 이론이 완성된 다음, 그 이론에 따라 상의와 하상을 설명하면서 상징적 의미를 투사했을 것이다. 또 상의와 하상은 하루아침에 창조된 것이 아닌 오랜 역사의 산물임을 앞서 말했는데, 이를 위에 인용한 『주역』 문장은 황제, 요, 순이라는 성군이 다스리는 오랜 시간이 경과하면서 완성된 것으로 설명하고 있다.

상의와 하상은 그 전체적인 모양에서만 천지와 음양을 형상화한 것은 아니다. 바로 여기서 주요하게 얘기할 무늬의 배치에도 천지와 음양의 형이상학적 이론이 반영된다.

육면복 중 대구면에는 질박함을 표현하기 위해 무늬를 넣지 않아야 한다는 견해가 일반적임은 앞에서 말했다. 따라서 대구면은 논외로 하고, 그 이하 곤면복부터 현면복까지의 무늬 배치를 살펴보자.

한나라 학자 정현에 의하면, 곤면복의 무늬는 주나라 이전에는 12장 무늬를 모두 표현했는데, 주나라 때 12장 무늬 가운데 일, 월, 성신을 깃발에 표현하면서 옷에는 나머지 9장만 표현하게 되었다. 그 9장 무늬는 용, 산, 화, 화충, 종이, 조, 분미, 보, 불이다. 이중 용부터 종이까지의 5장을 상의에 배치하고, 조부터 불까지의 4장을 하상에 배치한다. 별면복에는 용과 산을 제외한 7장을 표현하는데, 상의에 화부터 종이까지의 3장을 배치하고 하상에 나머지 4장을 배치한다. 취면복에는 다시 화와 화충을 제외한 종이부터 불까지의 5장을 표현하는데, 상의에 종이부터 분미까지의 3장을 배치하고 하상에 보와 불 2장을 배치한다. 치면복에는 종이와 조를 제외한 분미부터 불까지의 3장을 표현하는데, 상의에 분미 1장을 배치하고 하상에 보와 불 2장을 배치한다. 현면복은 불 1장만 표현하는데, 상의에는 무늬가 없고 하상에 배치한다.[26]

이제 여기에 나타난 수를 정리해보자. 면복의 무늬는 전체 9장, 7장, 5장, 3장, 1장으로 홀수를 쓴다. 또 상의와 하상에 배치한 무늬는 현면복이 전체 1장만 표현하려다보니 예외가 발생했고, 이를 제외하면 상의에는 5, 3, 1장의 무늬가 배치되고 하상에는 4, 2장의 무늬가 배치된다.

그런데 면복에 넣는 무늬의 총수는 차례대로 9-8-7……3-2-1로 내려가도 될 텐데 왜 하나씩 건너 9-7-5-3-1이 되었을까? 또 왜 상의에는 5-3-1의 홀수로 무늬를 배치하고 하상에는 4-2의 짝수로 배치했을까?

주역에서 홀수는 천天-양陽-전前 등의 관념과 연결되고 짝수는 지地-음陰-후後와 연결됨은 이미 말했다. 또 성별을 적용했을 때 전자는 남자와 연결되고 후자는 여자와 연결된다. 면복은 남자가 착용하는 예복이다. 그렇기 때문에 무늬를 쓸 때 짝수를 쓰지 않고 홀수만 쓴 것이다. 주나라 때 천자의 길복은 여섯 가지의 면복 외에 작변복, 피변복, 관변복 등 세 가지 변복弁服을 합하여 총 아홉 가지인데, 아홉 가지 복식을 쓰는 이유 역시 '9'라는 홀수가 남자를 대표하는 숫자이기 때문이다. 반면 왕후王后의 예복은 휘의褘衣, 요적揄狄, 궐적闕狄, 국의鞠衣, 전의展衣, 단의緣衣; 褖衣의 총 여섯 가지다. 여섯 가지 복식을 쓰는 이유는 '6'이라는 짝수가 여자를 대표하는 숫자이기 때문이다. 한편 주나라 이전의 곤면복에는 12장 무늬를 표현했고 한나라 이후 중국에서 제도화되는 황제의 면복에는 대개 12장 무늬를 쓰는데, '12'라는 수는 천지간에 가장 큰 수라 여겨졌기 때문에 천지나 음양의 관념에 구애되지 않는다. 따라서 '12'라는 수는 짝수이지만, 1부터 10까지의 숫자가 짝수와 홀수로 나뉘어 천지음양을 상징하는 것과는 구별된다.

홀수와 짝수에 연결되는 천지음양의 관념은 상의와 하상에 무늬를 나눠 배치하는 경우에도 그대로 적용된다. 상上은 곧 홀수-천天-양陽-남男과 연결되고, 하下는 짝수-지地-음陰-여女와 연결된다. 그래서 상의에 넣는 무늬는 홀수로 하여 천과 양을 상징하게 하고, 하상에 넣는 무늬는 짝수로 하여

**조선시대 면복의 무늬 배치**

지와 음을 상징하게 했다.

이 같은 천지음양의 관념은 조선시대에도 변함없이 이어진다. 조선시대 왕의 면복은 9장복이고, 왕세자는 7장복, 왕세손은 5장복이다. 그리고 왕의 9장복은 상의에 용, 산, 화, 화충, 종이 5장을 배치하고, 하상에 조, 분미, 보, 불의 4장을 배치한다. 왕세자의 7장복은 상의에 화, 화충, 종이의 3장을 배치하고, 하상에 왕과 같이 4장을 배치한다. 왕세손의 5장복은 상의에 종이, 조, 분미의 3장을 배치하고, 하상에 보와 불 2장을 배치한다. 상의에 5장과 3장, 하상에 4장과 2장을 배치해서 천지음양을 상징하게 한 것이다.

면복의 상징성은 상의와 하상에 배치하는 무늬의 수로 천지음양을 형상화하는 데서 머물지 않는다. 무늬를 표현하는 방식에도 천지와 오행五行 관념을 적용하여 면복이 더욱 농후한 상징성을 갖게 된다.

머리말에서 이미 언급한 바 있지만 『국조오례의』 권1 「길례」의 면복 규정 중에는 아래와 같은 내용이 있다.

> 그림을 그리는 것은 양陽의 일이므로 상의에 있고, 자수를 놓는 것은 음陰의 일이므로 하상에 있다繪, 陽事也, 故在衣. 繡, 陰功也, 故在裳.

상의에 그림을 그리고 하상에 자수를 놓는 것이 원칙이라면 그런가보다 하겠다. 그런데 왜 그림을 그리는 것이 양에 해당하고, 자수를 놓는 것이 음에 해당할까? 이 물음에 대한 해답의 일부는 유교 경서에서 찾을 수 있다.

앞서 석舄에 관해 말하면서 회차繪次를 말한 바 있다. 그런데 이 회차와 더불어 얘기되어야 할 것으로 수차繡次가 있다. 회차의 '회繪'는 '회繢'와 통하고 '그리다'라는 의미이다.[27] 즉 '회차繪次'는 '회차繢次'로도 쓸 수 있다. 또 수차의 '수繡'는 '수를 놓다'라는 의미이다.

면복에 무늬를 표현하는 방식은 그림을 그리는 것과 자수를 놓는 것이 있는데, 그림이나 자수 모두 다양한 색을 쓰게 된다. 그런데 장인들이 색을 쓸

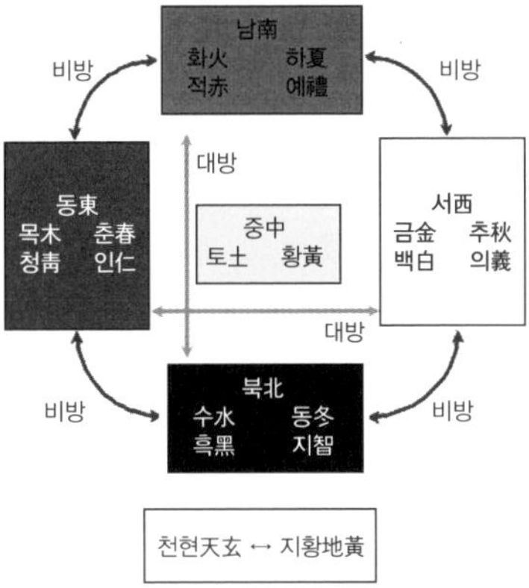


**회차와 수차의 배색 원칙**

때는 임의로 아무 색이나 쓰는 것이 아니다. 그림을 그릴 때는 회차의 배색 원칙을 적용하고, 자수를 놓을 때는 수차의 배색 원칙을 적용한다.

회차와 수차는 동양 전통 사상인 천지와 오행의 이론이 적용된 배색 원칙이다. 천天을 상징하는 색은 검은색이고, 한자로는 주로 '현玄'을 쓴다. 또 지地를 상징하는 색은 누런색인 황색黃色이다. 오행은 목木, 화火, 토土, 금金, 수水의 다섯 가지 원소로 이루어진다. 그리고 여기에는 각각 배속되는 방위와 색 등이 있는데, 목木-동東-청靑, 화火-남南-적赤, 토土-중中-황黃, 금金-서西-백白, 수水-북北-흑黑 등이다.

회차의 원칙으로 배색을 한다는 것은 서로 반대 방향, 즉 대방對方에 있는 색을 함께 쓴다는 것이다. 동쪽의 청색은 그 반대 방향인 서쪽에 있는 백색과 배색하고, 남쪽의 적색은 그 반대 방향인 북쪽에 있는 흑색과 배색하고,

하늘을 나타내는 현색은 땅을 나타내는 황색과 배색한다. 또 수차의 원칙으로 배색을 한다는 것은 옆에 있는 방향, 즉 비방比方에 있는 색을 함께 쓴다는 것이다. 동쪽의 청색은 그 옆에 있는 남쪽의 적색과 배색하고, 적색은 다시 옆에 있는 서쪽의 백색과 배색하고, 백색은 또 옆에 있는 북쪽의 흑색과 배색하고, 흑색은 청색과 배색한다.[28]

앞서 석은 회차의 원칙을 따라 신울과 장식을 배색한다고 했는데, 이는 석이 신 중에서 가장 등급이 높기 때문이다. 이보다 등급이 낮은 신으로 구屨가 있는데 여기에는 수차 원칙을 적용한다. 등급상 위에 해당하는 것에는 회차를 적용하고, 아래에 해당하는 것에는 수차를 적용한 것이다. 상의와 하상도 마찬가지이다. 위에 있는 상의에는 회차를 적용하고 아래에 있는 하상에는 수차를 적용한다. 그 이유에 대해 당나라의 가공언은 다음과 같이 말한다.

> 회績는 그림을 그리는 것이다. 상의는 양陽이고, 양은 가볍고 뜨는 것을 주관한다. 그림을 그리는 것도 가볍고 뜨는 것이다. 그러므로 상의에 그림을 그린다. (…) 하상은 음陰을 주관한다. 자수도 가라앉고 깊다는 뜻이 있다. 그러므로 하상에 자수를 놓는다.[29]

인체의 위에 위치하는 상의는 양을 상징하므로 그 무늬는 양의 성질을 드러낼 수 있도록 가볍게 표현하기 위해 그림을 그리고, 아래에 있는 하상은 음을 상징하므로 그 무늬는 음의 성질을 드러낼 수 있도록 무겁게 표현하기 위해 자수를 놓는다는 것이다. 자수를 놓을 때는 바늘을 사용해 천을 깊이 찌르고 또 본래의 무게에 실의 무게가 더해지기 때문에 무겁다고 한다. 이에 비해 그림은 그런 행위 없이 무늬를 표현해내기 때문에 가볍다고 여긴 듯하다. 이 원칙에 의해 조선시대 면복에도 상의에 그림을 그리고 하상에 자수를 놓았다.

### 무늬에 담긴 의미—12장

먼 옛날 원시사회에서 생존을 위해 절대적으로 필요했던 것이 불이다. 인류는 불을 직접 피울 줄 알게 된 이후에도 불에 대한 경외심을 버리지 않는다. 그 때문인지 몰라도, 언제부터인가 불을 옷에 무늬로 넣기 시작한다. 그 옷이 바로 '면복'이다.

면복에 표현된 불 무늬의 근원을, 고대 인류가 자연과 싸우면서 생명과 생존을 보장받기 위해 불을 중시한 데서 찾는 것이 좀 황당해 보일 수 있다. 그렇지만 앞서 본 것처럼 인류 문명의 역사가 예기치 않게 면복에 녹아 있음을 고려하면, 불 무늬의 근원을 원시사회의 불에 대한 경외심에서 찾아도 그리 무리는 아닐 것이다.

면복의 무늬는 불을 포함해 총 열두 종류로, 일日, 월月, 성신星辰, 산山, 용

龍, 화火, 화충華蟲, 종이宗彝, 조藻, 분미粉米, 보黼, 불黻인데 이를 흔히 12장문章文이라 한다. 면관의 류도 최대 열두 줄이고, 옷의 무늬도 최대 열두 종류이다. 면복을 통해 신하와 만민에게 드러내고자 했던 군주로서의 절대성이 '12'라는 숫자를 통해 극대화되고 있다.

> 주나라가 천하를 다스릴 때 예를 정함에 천자의 희생犧牲이 12를 넘지 않았으니, 하늘의 큰 수大數로 여겨서이다.[30]
>
> 제사를 지내는 날에 군주는 곤면복을 입어 하늘을 본뜬다. 면관을 쓰는데 구슬은 12류이니, 곧 하늘의 수天數이다.[31]

『좌전』과 『예기』의 글이다. 숫자 12는 '하늘의 수', 곧 '천수天數'로 인식되었음을 알 수 있다. 한나라의 학자 정현은 하늘의 큰 수大數는 12를 넘지 않는다고 했다. 그래서 면복의 류와 무늬를 표현함에 12를 최대수로 설정한다. 12가 하늘을 상징하는 가장 큰 수이므로 12까지 표현했으면 이미 마음을 다 한 셈이 되기 때문이다.

① 삼신: 일, 월, 성신

하늘의 큰 수를 상징하는 12장문은 당연히 하늘에 있는 해와 달과 별의 형상화에서 시작한다. 일, 월, 성신이 그것인데 합해서 삼신三辰이라 부른다. 하늘을 상징하는 이 세 무늬는 천자인 황제만 쓸 수 있었다. 때문에 조선시

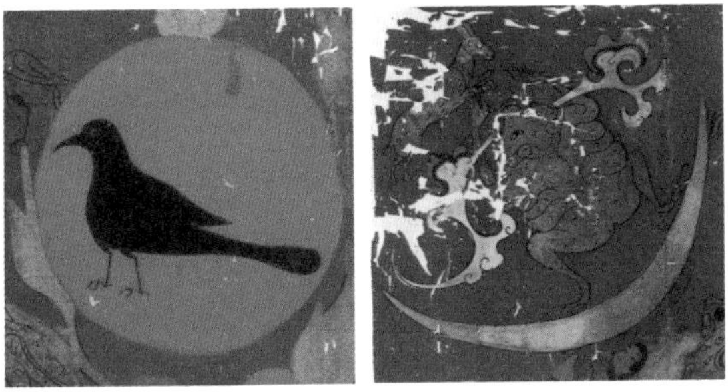

**한대(漢代)의 일과 월. 후난 성 창사 마왕퇴 출토 비단 그림의 부분**

대에는 쓰지 못하다가 대한제국 이후 고종과 순종이 쓴다.

일日 무늬는 해를 표현한 것인데, 사실 단순하게 해만 의미하는 것이 아니라 하늘에 있는 모든 물질을 포괄한다. 하늘에 있는 물질을 해가 대표하는 것이다. 이 일日은 '태양太陽의 정수精髓'라 한다. 이에 비해 월月 무늬는 달을 표현한 것이고, '태음太陰의 정수'라 한다. 각각 양과 음을 상징하는 것이다. 또 성신은 별을 통칭하는 것인데, 이를 '만물萬物의 정수'라 한다. 면복에 삼신을 표현하는 것은 그 밝음明을 취하기 위해서다. 즉 해, 달, 별은 모두 낮이나 밤에 밝게 빛나므로, 그 광명光明을 아래로 비춰서 어두움을 몰아내고 백성의 삶을 밝게 밝히라는 뜻이 내포되어 있다.[32]

옛날 사람들은 해와 달을 표현할 때 그냥 둥그렇게 그리기도 했지만, 그 안에 동물을 표현하기도 했다. 해 속에는 새를 표현하고, 달 속에는 토끼나 두꺼비를 표현한다. 해 속의 새라고 하면 우리는 흔히 '삼족오三足烏', 즉 발이 세 개인 새를 생각하지만, 항상 삼족오만 있는 것은 아니다. 한나라 때 무덤에서 나온 비단 그림帛畫에는 발이 두 개인 이족오二足烏를 그려넣었다. 또 달은 초승달 위에 토끼와 두꺼비가 함께 있는 형태로 표현했다.

면복에 12장문을 쓴 기록은 일찍부터 보이지만, 시각적으로 확인할 수 있는 것은 비교적 후대의 일이다. 그리고 일 무늬는 붉은색의 원에 삼족오를 표현하고, 월 무늬는 흰색 원에 토끼를 표현하는 경우가 대부분이다. 성신은 별 세 개가 삼각형 모양을 이루며 선으로 이어진 형태도 있고, 별 다섯 개가 나란히 늘어서 있는 형태도 있다.

면복에서의 위치는 왼쪽 어깨에 양을 상징하는 일을, 오른쪽 어깨에 음을 상징하는 월을, 그리고 등에 성신을 표현한다. 물론 앞서 말한 바와 같이, 정현에 의하면 주나라 때는 이들 세 무늬를 깃발에만 표현하고 면복에는 쓰지 않았다. 그러나 한나라 이후 황제의 면복에는 삼신을 포함해 12장문을 모두 쓴다.

대한제국의 황제 면복에서 삼신의 구체적 형태를 확인하기는 어렵다. 하지만 대한제국시대 사람들이 삼신 무늬를 어떻게 이해하고 표현했는지를 엿볼 수 있는 자료가 있다. 바로 깃발이다. 일기日旗, 월기月旗, 오성기五星旗가 현재 남아 있다. 일기는 둥근 모양의 해 속에 새가 양 날개를 펴서 날고 있는 모습으로 묘사했는데, 다리가 두 개인 이족오이다. 해와 새 모두 금색인데, 이는 제국의 깃발임을 강조하기 위한 것으로 보인다. 월기는 둥근 달 속에 토끼 한 마리가 고개를 뒤로 돌리고 앉아 있는 모습으로 묘사했다. 달도 금색이다. '오성기'라 이름 붙여진 깃발에는 별이 표현되었는데, 둥근 모

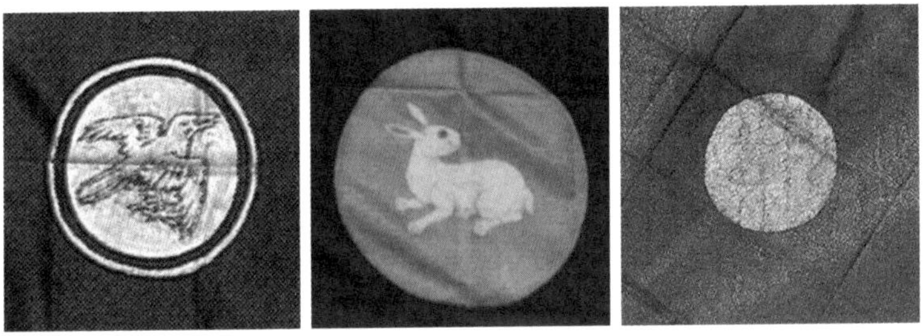

**대한제국시대 일기(왼쪽), 월기(가운데), 오성기(오른쪽)의 무늬. 국립고궁박물관 소장**

양이다. 이 깃발을 통해 대한제국시대 사람들은 별을 동그랗게 표현했음을 알 수 있다.

이런 시각 자료와 당시 문헌의 기록들을 종합하면 대한제국시대 면복의 삼신이 어떤 모습이었을지 짐작할 수 있다. 일 무늬는 둥근 모양에, 순종의 면복 사진에 색이 짙게 나타나는 것으로 보아 깃발과 같은 금색이 아닌 붉은색을 썼을 것이다. 새는 날개를 활짝 편 이족오였을 것이고, 오색을 써서 다채롭게 표현했을 것이다. 월 무늬도 둥근 모양에, 색은 다른 달 무늬처럼 흰색이었을 것이다. 토끼는 깃발과 같은 모양으로 웅크린 채 고개를 뒤로 돌린 흰토끼였을 것으로 보인다. 성신은 둥근 모양의 별 다섯 개가 나란히 늘어선 모양이었을 것이다. 그리고 그 색은 오행의 상생相生 원리에 따라 청-적-황-백-흑의 순서로 배치했을 것으로 보인다.

② 용

동양 어느 나라를 막론하고 전통과 관련된 사물에서 가장 흔하게 나타나는 무늬는 용龍이다. 오랜 옛날부터 용은 동양을 대표하는 상상의 동물이었다. 그렇다면 사람들은 실존하지 않는 용을 상상력을 동원해 형상화하면서 무엇을 드러내고 싶었던 것일까?

용에 대한 관념은 최소한 만년의 역사를 갖고 있다고 한다. 용이 옷의 무늬로 표현된 것은 상商나라 때 옥이나 돌 등으로 만든 인물상에서부터 볼 수 있다. 면복에서도 용은 군주의 권위를 나타내기 위해 필수 불가결한 요소였다. 또 일, 월, 성신이 깃발에 표현되어 면복에서 생략된 시기에는 용이 9장 무늬의 우두머리 노릇을 하기도 했다.

동양에서 용은 물을 대표하는 동물로 여겨진다. 용은 물속에 살며, 물을 자유자재로 부릴 줄 안다고 생각했다. 그러므로 날이 가물어 기우제를 지낼 때 용이 등장했고, 또 용을 그릴 때는 반드시 물을 함께 그려야 한다고 여기기도 했다.

이러한 용을 면복에 그리는 것은 용의 '신묘한 변화神化'를 취하기 위해서다.[33] 옛사람들은 용을 필요에 따라 숨을 때는 숨고 드러날 때는 드러나고, 커질 수도 작아질 수도 있고, 짧아졌다가 길어지기도 하며, 춘분春分에는 하늘에 오르고 추분秋分에는 물속으로 들어갈 수도 있는 존재로 여겼다.[34] 용과 같이 상황에 맞게 적절한 사고와 대처를 하는 것은 백성을 이끌어야 하는 군주에게 꼭 필요한 덕목이었던 것이다.

(왼쪽) **구장복 용무늬. 국립중앙박물관 소장**
(오른쪽) **면복 용무늬 판. 국립고궁박물관 소장**

또 하늘에 오를 수도 있는 용은 양기陽氣가 변화한 것이라 여겨져 하늘을 상징하기도 했다.[35] 그러므로 일, 월, 성신과 함께 면복에서 하늘, 즉 군주를 상징하는 무늬로 쓰이게 된다.

조선시대 면복에서 용무늬는 왕만 쓸 수 있었다. 양어깨에 한 마리씩 총 두 마리를 표현했다. 대한제국에서는 황제와 황태자가 용무늬를 썼는데, 황제 면복의 어깨에는 일과 월이 있기 때문에 용은 양쪽 소매에 표현했다. 황태자는 조선의 왕과 같은 면복을 입었으므로, 용무늬의 위치도 같았다.

③ 산

산山은 지면보다 높은, 흙과 돌로 구성된 자연물이다. 산은 그 자체로 흙土을 의미하기도 하는데 흙은 곧 땅地을 대표하고, 하늘을 나타내는 일, 월, 성신과 대응된다.

옛사람들의 산에 대한 생각은 다양하게 나타난다. 첫째, 산을 하늘에 오르는 길登天之道이라 여겼다. 이에 고대의 황제는 산에 올라 봉선封禪의 의식

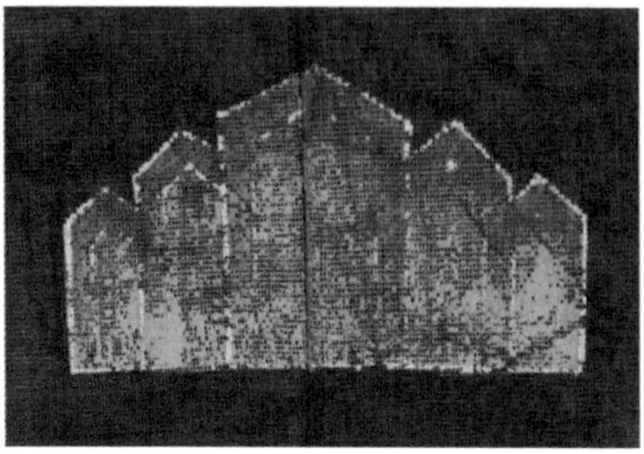

구장복 산 무늬

을 행하기도 했다. 둘째, 산이 바람과 구름을 일으킨다고 여겼다. 이는 사람의 능력을 초월하는 신적인 비범함을 나타낸다. 그래서 산은 황제의 신적인 비범함을 상징한다고 여겼다. 셋째, 고개를 들어 우러러볼 수 있는 존재를 상징한다고 여겼다. 산의 형세는 웅장하고 높기 때문에 우러러보아야 한다. 군주가 백성이 우러러볼 수 있는 어짊仁을 지닌 존재가 되어야 함을 상징한다. 넷째, 만물을 생장시키는 능력을 지닌 것으로 여겼다. 산은 겉으로 보기에는 고요하지만 그 안에서 초목과 동물이 나고 자라기 때문에 만물의 생장이 안정적으로 이루어진다고 보았다.[36]

면복의 산 무늬에는 이상의 의미가 모두 내포될 수 있지만, 문헌에서 세번째와 네번째 의미가 직접적으로 언급된다. 군주의 백성이 우러러볼 수 있는 어짊과 백성을 먹여 살릴 수 있는 능력을 특히 강조하는 것이다.

산 무늬는 면복 상의의 뒤에 표현된다. 황제의 12장복에서는 성신이 깃 아래에 먼저 위치하고, 그 아래에 산이 놓인다. 왕과 황태자의 9장복에서는 성신이 없으므로 등에 산 무늬만 놓인다.

④ 화

화火는 불을 무늬로 표현한 것이다. 앞서 말한 바와 같이 불이란 고대 원시사회에서 생존을 위해 꼭 필요한 것이었다. 뿐만 아니라 불은 문명 생활을 위해서도 꼭 필요했다. 불은 어둠을 밝히고, 추위와 야생동물의 공격을 막아주며, 요리를 가능케 해준다. 불이 없으면 생존도 없고 문명도 없다. 그러므로 불을 피울 줄 아는 사람은 특별한 대우를 받았을 것이며 불을 피울 줄 아는 종족은 그렇지 못한 종족을 지배할 수도 있었을 것이다. 불은 오래전부터 생산력과 권력의 상징이 되었다.

면복에 화 무늬를 쓰는 것은 무엇보다 먼저 불의 밝음明亮을 취하기 위한 것이지만, 다른 한편으로는 불의 화염이 항상 위를 향해 올라가므로 권력을 상징하기에도 적합하기 때문이다.[37] 백성의 지도자로 세상을 밝히는 군주가 되고, 화염이 위로 올라가듯이 상승하는 기운을 지닌 군주가 될 것을 화 무늬를 통해 상징적으로 보여주고자 했다.

면복에서 화 무늬는 화염이 위로 활활 타오르는 모양으로 묘사된다. 처음

**구장복 화 무늬**

에는 자연스럽게 불이 타오르는 모양으로 표현하다가 후대로 가면서 정형화되어 어찌 보면 나뭇가지가 뻗어 있는 것처럼 표현한다. 조선시대의 화 무늬도 이런 모양이다.

⑤ 화충

화충華蟲은 꿩이다. 화華는 풀꽃草花처럼 오채색이 화려하게 들어간 것을 말하고, 충蟲은 생명이 있는 것의 총칭인데 구체적으로는 꿩을 말한다. 꿩 중에서도 특히 산꿩山雉을 의미한다.

화충 무늬를 쓰는 것은 산꿩의 성질이 급하여 잡히면 자살을 할지언정 굴복하지 않기 때문에 그 절개耿介를 취하려는 것이다.[38] 또다른 이유는 꿩의 화려한 문채文采를 취하려는 것이다.[39] 옛사람들은 옷의 무늬가 착용자의 인덕仁德을 드러낸다고 여겨 문식과 질박의 조화를 강조했다. 따라서 화충의 다채多彩로움을 통해 문식을 표현하고, 그 다채한 문식이 군주의 인덕을 상징한다고 여겼다.

(왼쪽) **효명세자 예진의 화충 무늬**
(오른쪽) **순종 면복의 화충 무늬** | 소매에 세 개씩 표현했다.

면복에 화충을 표현할 때는 단어의 의미대로 다양한 색을 써서 화려하게 표현한다. 새는 날아가는 것이 아니라 바닥에 다리를 딛고 있는 모양으로 표현하는데, 송나라 이후부터 주로 한쪽 다리를 살짝 들어올린 형태로 묘사하기 시작한다. 우리나라에서도 마찬가지이다. 효명세자의 예진에 선명하게 나타나는데, 한쪽 다리를 뒤쪽으로 들고 있다. 또 화충 아래에는 구름이 있어, 꿩이 구름 위에서 한쪽 발을 들어올린 모습으로 묘사되기도 한다.

⑥ 종이

종이宗彝는 종묘에 제사를 지낼 때 사용하는 술잔이다. 종이 무늬는 제기祭器 두 개로 표현되는데, 하나는 표면에 호랑이를 채워넣고 다른 하나는 원숭이를 채워넣는다. 따라서 면복의 종이 무늬는 호랑이와 원숭이를 표현한 제기라 할 수 있다.

종이 무늬의 상징성은 제기 자체가 아니라 호랑이와 원숭이에 있다. 호랑이는 용맹함을 상징하고, 원숭이는 지혜로움을 상징한다. 종이의 원숭이는 중국 서남부에 서식하면서 1급 보호 동물로 지정된 황금원숭이金絲猴다. 황금원숭이는 다양한 종의 원숭이들 중에서도 특히 코가 위로 들려 있는 것으로 유명하다. 비가 오면 콧속으로 빗물이 다 들어갈 판이지만, 기특하게도 이들은 유난히 긴 꼬리를 들어올려 자신의 코를 막아 빗물이 들어가지 않게 한다고 한다. 이 때문에 지혜로움의 상징이 되었다. 면복에 호랑이와 원숭이를 표현하여 그들의 용맹함과 지혜로움을 본받아 군주도 상서祥瑞롭지 못한

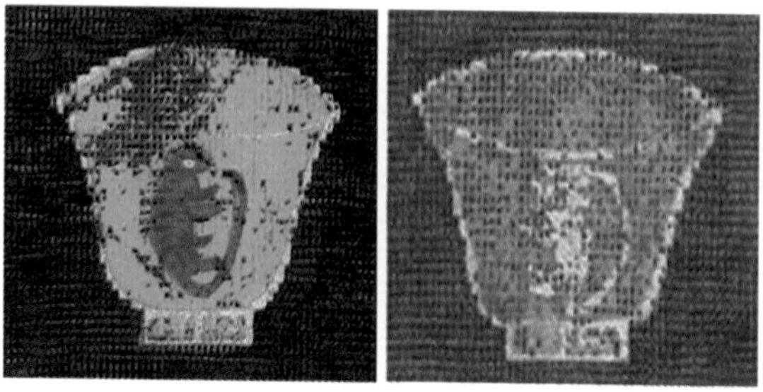

구장복 종이 무늬

일을 피해야 한다는 것을 보여준다.[40]

면복의 종이 무늬에서 호랑이는 붉은색으로, 원숭이는 노란색으로 표현한다. 또 호랑이는 꼬리를 편하게 늘어뜨린 모습이지만 원숭이는 지혜로움을 강조하기 위해 꼬리를 자신의 머리 위로 높이 들어 코를 막는 모습으로 표현한다.

⑦ 조

조藻는 물풀水草이다. 물풀 중에서 색상이 화려한 것은 무늬로 표현한다. 면복의 조 무늬는 두 가지를 상징한다. 화충과 마찬가지로 문채의 화려함을 통해 착용자의 인덕을 상징하고, 또 깨끗함과 산뜻함을 상징한다.[41] 군주가 사리사욕을 버리고 맑고 깨끗한 마음으로 어진 정치를 펼쳐야 함을 상징하는 것으로 볼 수 있다.

면복에서 조 무늬는 전체적으로 둥근 모양에 잎과 줄기가 가늘고 길쭉하게 표현된 경우도 있고, 대여섯 개의 잎이 사방으로 퍼진 경우도 있으며, 반

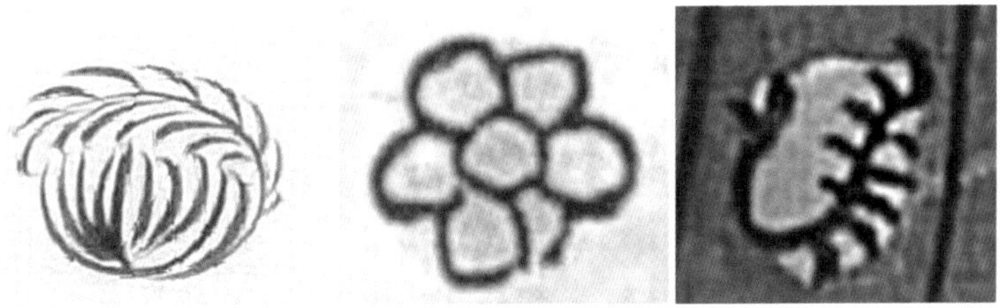

**면복의 조 무늬. 『세종실록오례의』(왼쪽), 『현종국장도감의궤』(가운데), 『정조국장도감의궤』(오른쪽)**

원형에 작은 줄기가 뻗어 있는 경우도 있다.

⑧ 분미

분미粉米는 쌀白米을 무늬로 표현한 것이다. 면복의 분미 무늬는 두 가지를 상징한다. 하나는 쌀의 깨끗함을 취했다. 하얀 쌀의 깨끗함을 통해 착용자의 마음과 정신세계가 정결해야 함을 강조한다. 다른 하나는 쌀로 백성을 먹여 살린다는 의미를 취한 것이다.[42] 동아시아 농경사회에서 쌀은 매 끼니마다 먹는 주식主食이다. 쌀을 풍부하게 생산해서 백성을 배불리 먹이는 것

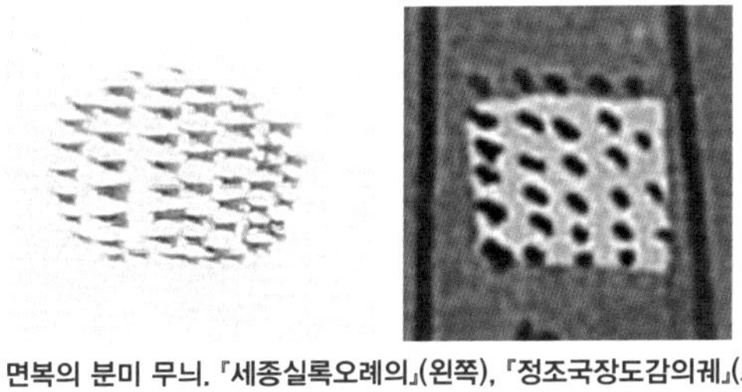

**면복의 분미 무늬. 『세종실록오례의』(왼쪽), 『정조국장도감의궤』(오른쪽)**

이야말로 군주에게 요구되는 가장 시급한 덕목이 아닐 수 없다. 면복 12장문 가운데 유일하게 양식을 소재로 한 무늬가 분미 무늬이다. 분미 무늬가 들어간 것은 백성을 다스리는 군주에게 경제적인 능력의 중요성을 일깨우기 위해서다.

분미 무늬는 작은 낟알이 수없이 놓여 있는 모양으로 묘사된다. 전체적인 모양은 둥글게 표현하는 것이 일반적이지만, 네모나게 표현하기도 한다.

⑨ 보

보黼는 도끼斧를 무늬로 표현한 것이다. 원시사회에서 도끼는 인류의 생존에 꼭 필요한 도구였다. 사냥 도구로도 쓸 수 있고 무기로도 쓸 수 있었던 도끼는 어느 시점부터 권력의 상징이 된다. 면복에 보 무늬를 넣는 것도 권력의 과시와 연계해 이해할 수 있다.

면복의 보 무늬는 무엇보다도 군주의 결단력을 상징한다.[43] 도끼는 무언가를 잘라내는 도구이다. 잘라낸다는 것은 결단을 뜻한다. 국가 경영을 위해

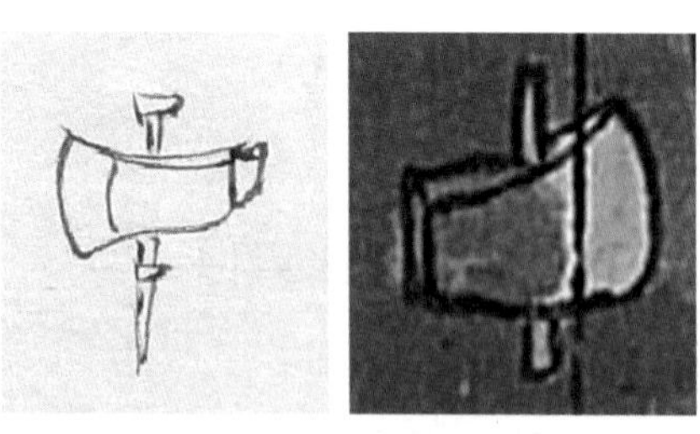

**면복의 보 무늬. 『세종실록오례의』(왼쪽), 『정조국장도감의궤』(오른쪽)**

군주는 두루 포용해야 할 때도 있지만 때로는 단호하게 잘라내는 결단도 필요하다. 보 무늬는 어떤 일에 당면했을 때 군주가 현명하고도 과감한 결정을 내릴 필요가 있음을 강조한다.

보 무늬는 도끼 몸체만 있는 경우도 있고, 몸체와 자루가 함께 있는 경우도 있다. 또 몸체는 자루 쪽과 날刃 쪽으로 나눌 수 있는데, 자루 쪽은 흑색이나 짙은 남색으로 하고 날 쪽은 흰색으로 한다.

⑩ 불

불黻은 '아亞' 자 꼴의 무늬이다. 이 무늬는 한자 '기己'나 '이已'가 서로 등을 마주대고 있는 모양이다. 이 불 무늬는 어떤 사물을 형상화한 것이 아니라 순수하게 관념에 의한 창작물이란 점에서 특이하다.

면복의 불 무늬는 그 모양을 통해 두 가지를 상징한다. 첫째로, 불 무늬는 군신 간의 이합離合을 상징한다. 같은 글자가 서로 등을 맞대고 있는 형상을 통해 군주와 신하가 때로는 적당한 거리를 두어야 하고 때로는 뜻을 합쳐야 함을 강조한다. 둘째로, 불 무늬는 신하와 백성이 악惡에 등을 돌리고 선善으로 나아가야 함을 상징한다.[44]

12장문 중 앞서 소개한 무늬들은 모두 군주의 자질과 덕성에 관한 것이다. 그런데 마지막 불 무늬에서 군주뿐만 아니라 신하와 백성이 함양해야 할 덕성 및 서로 간의 조화를 강조하는 것은 눈여겨볼 만하다.

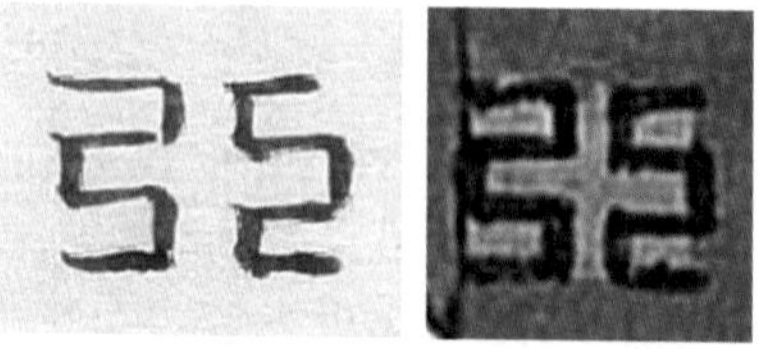

**면복의 불 무늬. 『세종실록오례의』(왼쪽), 『정조국장도감의궤』(오른쪽)**

이상에서 면복의 12장문 하나하나가 표현하는 상징적 의미를 살펴보았다. 전통시대의 복식은 때로 옷 이상의 의미를 지닌다. 가장 대표적인 옷이 면복인데, 12장문은 면복에서도 가장 특징적인 것이다. 12장문에는 고대 유학자들이 이상적으로 생각했던 정치관과 우주관이 두루 들어 있다.

면복은 군주를 포함한 통치 계층이 입었던 옷이다. 특히 12장문을 모두 갖춘 면복은 오직 황제만 입을 수 있었다. 황제는 '하늘의 아들', 즉 '천자'이다. 인간세계를 다스리는 최고의 통치자일 뿐만 아니라 '하늘의 아들'이기에 최고 숫자 12에 해당하는 열두 무늬를 자신의 옷에 표현할 수 있었다.

'하늘의 아들'이라 할 때 하늘이 무엇을 가리키는지에 대해서는 학자마다 이론이 분분하다. 보통 땅과 대비되는 하늘을 가리키지만, 때로는 초월적 상제上帝를 가리키기도 하고, 때로는 자연세계를 가리키기도 하고, 때로는 자연세계와 인간세계를 두루 다 가리키기도 한다. 황제가 하늘의 아들로서 하늘의 명령을 받아 하늘을 대신해서 인간을 다스리는 자라고 할 때, 그 하늘은 자연세계와 인간세계를 모두 포괄하는 개념이 아닐까 생각된다. 그래서 황제가 입는 면복의 12장문에는 해와 달과 별, 용과 산, 불과 꿩, 물풀이 있는가 하면, 호랑이와 원숭이가 그려진 술잔이 있고, 농업 생산물인 쌀알이 있으며, 또 정치적 결단을 상징하는 도끼, 군주와 신민의 조화를 상징하는 불黻이 있다. 면복의 12장문은 하늘과 땅을 위시한 자연세계의 모든 덕을 자신 속에 지니고 있으면서, 아울러 인간세계를 다스리는 데 필요한 모든 덕까지 겸비한 이상적 황제, 즉 최고 군주의 모습을 상징적으로 표현한 것이다.

4

# 군주와 함께한 영광의 순간

전통사회의 군주는 이들 신에게 제사를 올릴 때 지극한 공경의 표시로 면복을 착용했다. 그리고 공경의 정신이 다른 중요한 의례에도 그대로 이어지기를 바라면서 책례, 관례, 혼례, 등극의례, 상례에도 면복을 착용했다.

황제, 왕, 황태자, 왕세자, 왕세제, 왕세손은 각종 의례에 면복을 착용한다. 그 의례에는 국가가 주체가 되어 행하는 국가 의례뿐만 아니라 개인이 일생 동안 치르는 일생 의례까지 포함된다. 군주나 그 계승권자가 주체인 일생 의례는 결국 국가적인 행사이기에 개인 의례라 하더라도 국가적 차원에서 행해지고, 이 때문에 그들은 군주권을 상징하는 면복을 입는다. 국가 의례에 해당하는 것으로는 책례冊禮와 등극의례登極儀禮가 있고, 개인의 일생 의례에 해당하는 것으로는 관례冠禮, 혼례婚禮, 상례喪禮 등이 있으며, 제례祭禮는 두 종류의 의례를 결합한 성격을 갖는다. 이제 조선과 대한제국의 의례에 면복이 어떻게 사용되었고 그 의미는 무엇이었는지 살펴보자. 면복은 제복으로 출발했으므로 제례에서의 면복 착용을 먼저 살피고 그다음으로는 사람이 태어나서 일생을 살다가 마무리하는 과정을 염두에 두어 조금 임의적이지만 책례, 관례, 혼례, 등극의례, 상례의 순서로 살피기로 한다.

## 제례에서의 면복

유교에서는 사람이 죽으면 정기精氣인 혼魂과 육체인 백魄이 분리되어 백은 땅에 묻히지만 혼은 천지사방으로 흩어진다고 믿었다. 흩어지는 혼을 다시 불러모으는 의식이 '복復'이라 불리는 초혼招魂이었다. 초혼을 통해 불린 혼은 복을 할 때 사용한 옷인 복의復衣에 깃들었다가, 혼백魂帛, 신주를 만들기 전에 임시로 명주나 모시를 접어서 만든 신위을 만들면 혼백으로 옮겨가고, 묘소 옆에서 신주를 쓰고 나면 그 신주에 깃든다고 보았다. 혼이 깃든 신주는 3년이 지나 탈상脫喪을 하면 일반 가정의 경우에는 사당에 모셔져, 후손에게 애경사哀慶事를 보고받고 매년 기일에 제사상을 받는다. 조상신祖上神으로 대접받는 것이다. 왕실에서도 마찬가지다. 탈상 후 신주는 종묘에 모셔지고 정식으로 혼은 조상신 대접을 받는다. 조상신으로서 대접을 받는다는 것은 곧 '제례'를 받는다는 말이다. 또 일반적인 제례 외에 책례, 관례, 혼례, 등극의례, 상례 등 왕실에 특별한 사유事由가 발생하면 반드시 종묘에 가서 조상신에게 보고하는 절차를 거친다. 이를 고유제告由祭라 한다. 어떤 사실을 고하는 것이다.

이렇듯 삼년상 이후 조상신으로 모셔지기 때문에 3년 탈상을 하기 전까지 행하는 모든 의례는 '흉한 의례凶禮' 혹은 '잃는 의례喪禮'에 들어가지만, 종묘나 사당에 모셔진 이후의 제사 의례는 '길한 의례吉禮'로 들어간다. 신이 된 조상을 만나는 '제사'는 더이상 흉한 것이 아니라 길한 것이기 때문이다.

유교에서 '제례'라 하면 조상신뿐만 아니라 수많은 신들을 모시는 각종 의례가 모두 포함된다. 모든 자연과 사람이 신이 되어 제사 대상이 될 수 있다. 하늘이나 땅은 물론이고, 하늘과 땅 사이의 만물이 모두 신이 되어 제사를 받을 수 있는 것이다. 하늘의 신으로는 하늘을 대표하는 상제上帝; 昊天上帝 외에 일, 월, 성신 및 오방五方의 신, 바람風과 구름雲과 번개雷와 비雨의 신 등 종류가 다양하고, 땅의 신으로는 땅을 대표하는 지기地祇 외에 사직社稷, 산岳; 山의 신 등이 있으며, 물의 신은 동서남북 바다海의 신, 도랑瀆과 내川의 신 등이 있다. 사람은 죽어서 후손들이 받들어 모시는 조상신이 되는 것이 보통이지만, 역사에 큰 족적을 남긴 사람은 신으로 모셔지기도 한다. 인류에게 농사짓는 법을 가르쳤다는 신농씨神農氏, 양잠養蠶을 가르쳤다는 서릉씨西陵氏, 위대한 성현으로 추앙받는 공자 등 매우 많은 인물이 제사 대상으로 신격화됐다.

전통사회의 군주는 이들 신에게 제사를 올릴 때 지극한 공경의 표시로 면복을 착용했다. 그리고 공경의 정신이 다른 중요한 의례에도 그대로 이어지기를 바라면서 책례, 관례, 혼례, 등극의례, 상례에도 면복을 착용했다. 면복은 애초에 제복祭服으로 출발하였고, 제복으로 착용할 때 비로소 본래의 경건함과 권위가 농후하게 묻어난다.

먼 옛날 제정일치 국가에서 있을 법한 장면 하나를 상상해보자. 제정일치 국가에서 군주는 제사장이자 최고 통치자이다. 그 군주가 얼굴 앞뒤로 류가 드리워진 면관을 쓰고, 열두 가지 화려한 무늬에 여러 장신구까지 갖춘 면복을 입고서, 수많은 신하들을 거느리고 한밤중에 불을 환하게 밝힌 채, 살아 있는 동물을 잡아 그 피와 살을 바쳐 하늘신과 땅신을 기쁘게 하고자 제례를 올리고 있다. 검은색과 붉은색으로 조화를 이룬 면복, 짙은 어둠, 너울거리는 횃불, 붉은 피, 악기 소리와 몸에 찬 패옥에서 나는 '차르랑차르랑'하는 소리, 그리고 그 경건함과 엄숙함. 상상만으로도 가슴이 뜨거워지지 않는가? 바로 여기서 면복의 권위는 극대화된다.

멀리 고대까지 올라가거나 남의 나라까지 갈 필요 없이 불과 100여 년 전 고종이 대한제국을 선포할 당시로 가보자.

고종은 원구단圜丘壇을 축조하고, 1897년 10월 12일 원구단에 행차하여 밤 1시丑時부터 하늘신인 황천상제皇天上帝와 땅신인 황지기黃地祇, 그리고 자신의 조상신인 태조 등 여러 신에게 고유제를 올렸다. 대한제국을 개국하고 자신이 황제의 자리에 오른다는 것을 보고하는 자리였다. 고종은 까만 어둠 속에서 불을 밝히고 면복을 입은 채 천지의 신에게 자신의 황위 등극을 고한 것이다. 그러고 나서 그 자리에서 황제로 등극했다.

그런데 천지의 신에게 제사를 올리는 것은 조선시대에는 불가능한 일이었다. 천지에 대한 제사는 황제의 특권이므로 제후국을 자처했던 조선의 '왕'은 제천祭天 의례를 올릴 수 없었다.

물론 우리나라는 고대부터 제천 의례를 올린 전통이 있다. 고구려, 백제, 신라뿐만 아니라 부여도 제천례를 행했고, 이 전통은 고려시대까지 지속된다. 그런데 조선이 건국된 직후 황제만이 올릴 수 있는 제천례를 조선의 왕이 거행할 수 있는지 많은 논란이 일었고, 세종 때에 이르러 폐지하자는 주장이 강하게 일면서 결국 폐지되기에 이른다. 제천례는 이후 대한제국이 들어서기까지 복구되지 못하지만, 유일하게 세조 때 복구되어 몇 년 동안 왕이 직접 제사를 주관한 적이 있다. 이 제천례에 세조는 면복을 입고 등장한다.

조선시대 최초로 세조가 '왕'으로서 면복을 입고 친히 제천례를 행한 것은 등극한 지 3년째 되던 1457년 1월 15일이다. 이날 세조는 원유관에 강사포를 입고 궁을 나와 원구단 옆에 임시로 설치한 천막인 대차大次에 들어가 면복으로 갈아입은 후 이 차림으로 하늘신인 상제와 땅신인 황지기에게 제례를 올렸다. 왕을 따라 제례에 헌관獻官으로 참석한 왕세자도 면복 차림이었다. 이렇게 조선 최초의 제천례를 마친 세조는 오후에 경복궁에서 왕세자와 백관의 하례를 받았다.

제천례 때 세조는 한 해 전인 1456년세조 2 4월 명나라 경태제景泰帝로부터 받은 면복을 입었을 것이다. 조선시대에는 중국에서 면복이 오는 것을 왕위의 정통성에 대한 인정이라 여겼다. 그렇기 때문에 많은 왕들이 중국에 면복을 보내줄 것을 청했고, 실제로 새로운 왕이 등극하면 중국 황제가 조칙詔勅 및 고명誥命과 함께 면복을 보내주면서 왕위의 정통성을 인정해주었다. 세조는 왕으로 등극할 때 면복을 입기는 했었지만,[45] 그 면복의 본래 주인은 자신이 아님을 누구보다 잘 알았을 것이다. 그렇기에 1456년에 경태제가 자신을 위한 면복을 보내준 것은 '정통성이 결여된' 등극에 '정통성을 부여하는' 아주 중요한 사건이었다. 아마도 세조는 이 면복을 입고 천지에 제사를 올렸을 것이다.

그런데 세조는 왜 굳이 아버지인 세종이 폐지한 제천례를 지내려 했을까? 역사학계에서는 이를 세조의 왕권 강화 의지와 연관시키는 것이 일반적인 듯하다. 어린 조카를 몰아내고 왕위에 올랐다는 것은 왕위의 정통성에 치명적인 아킬레스건이다. 그런데 통치에 대한 천명을 받았다고 하면 정통성 시비를 걷어낼 수 있을 것이다. 천명을 받으려면 직접 하늘과 교감해야 한다. 하늘과의 교감은 세조가 정통성을 인정받기 위해 매우 중요했고, 정통성에 바탕을 둔 왕권 강화는 통치의 필수 조건이었다. 더구나 1456년 6월 단종을 복위시키려는 이른바 '사육신死六臣 사건'이 일어난다. 세조는 왕권을 정당화해줄 수 있는 장치가 더 절실해졌고, 그 해답을 직접 하늘에 제사를 올리는 데서 찾았을 것이다. 이로 인해 일련의 준비를 거쳐 이듬해 1월에 제천례를 거행한 것이다. 성군聖君으로 추앙받는 아버지 세종의 명을 뒤엎으면서까지 천지 제사를 올린 것을 이런 구도 속에서 이해하면, 세조의 고뇌가 그나마 조금은 읽힌다. 이러한 의미를 지닌 제천례에 왕위의 정통성을 보여주는 면복의 착용은 필수적이었을 것이다.

세조는 1457년 최초로 제천례를 거행한 이후 1464년세조 10까지 매년 정월에 이 의례를 거행했다. 그러나 1464년을 끝으로 더이상 지속하지 않는다.

천지에 대한 제례가 폐지된 상황에서 가장 중요한 제사로 등장한 것은 사직社稷 제사이다. 사직의 '사社'는 땅신이다. 그런데 이 땅신은 세상의 모든 땅을 아우르는 신을 의미하는 것이 아니라 일정 지역 내의 토지신을 의미한

(왼쪽) **현행 사직대제 복원 행사의 면복(12류면 12장복)** | 전주 이씨 대동종약원에서 주관하는 제사 종묘제례는 중요무형문화재 제56호이자 2001년에 유네스코 인류무형문화유산으로 선정되었고, 사직대제는 중요무형문화재 제111호로 지정되어 있다. 황제의 면복에 해당하는 12류면 12장복을 사용해 대한제국의 정통성을 잇고 있다.
(오른쪽) **1918년 제례를 위해 면복(9류면 9장복)을 착용한 영친왕. 서울대학교박물관 소장** | 겨울이므로 추위를 막기 위해 면관 안에 이엄(耳掩)을 썼다.

다. 또 사직의 '직稷'은 그 땅에서 나는 농작물의 신을 의미한다. 그래서 조선의 사직 제사는 조선 내 생산이 가능한 땅과 오곡의 신에 대한 제사로, 하늘신인 상제에 상대되는 땅신 황지기에 대한 제사와는 차원이 다르다.

사직 제사 다음으로 중요한 제사는 종묘제례, 즉 조선 왕실의 조상신에 대한 제사이다. 그 밖에 풍운뇌우의 신에 대한 제사, 산천신과 성황신에 대한 제사, 산과 바다, 도랑의 신에 대한 제사, 선농제先農祭, 선잠제先蠶祭, 석전제釋奠祭 등 많은 제사가 있다.

조선의 제례는 왕이 친히 거행하는 경우와 신하를 대신 보내 거행하는 경우로 나눌 수 있다. 전자의 경우 왕은 대개 면복을 착용한다. 『국조오례의』에 의하면 왕이 면복을 입고 지내는 제사는 사직제, 종묘제, 선농제, 문묘에서의 제례 등이다. 중요한 제사에 한해서 왕이 면복을 입고 직접 제사를 지냈음을 알 수 있다. 왕이 제사를 주재할 때는 대개 왕세자 역시 면복을 입고 참가한다.

전통시대의 여러 의례 중 제례는 군주의 절대성을 보여주는 가장 중요한 행사였다. 하늘신과 땅신을 포함한 여러 신에게 제사를 올리는 일은 아무에게나 허락되는 것이 아니었기 때문이다. 그래서 혹자는 어떤 신을 섬기고 그 의례를 제정하는 것은 주재자의 신분과 권력을 보여주는 것이라고 보고, 이를 '의례의 권력성'이라고 표현한다.[46] 면복은 바로 이런 제례를 위해 탄생한 '제복'이었다.

## 책례에서의 면복

조선시대 왕실의 혈족이거나 혹은 혼인으로 왕실에 편입된 사람들은 책봉을 통해 지위를 정식으로 인정받는다. 왕실 내에서의 신분은 책봉 의례, 즉 책례冊禮를 통해 공식화되었다. 책봉과 그에 부수되는 경제적 혜택은 다른 신분이 누릴 수 없는 특권이었다.

이렇게 책봉을 받는 인물로는 군주 계승권자인 황태자, 왕세자, 왕세제, 왕세손이 대표적이다. 그 밖에 황제나 왕 및 그 계승권자들의 배우자인 황후, 왕비, 황태자비, 왕세자빈, 왕세제빈, 왕세손빈과 그 자녀인 친왕, 대군,

군, 공주, 옹주 등이 있다. 그렇지만 이들 중에서 면복을 착용할 수 있는 것은 오직 군주 계승권자들뿐이었고, 면복을 착용한 채 행하는 책례는 곧 차기次期 군주권에 대한 약속이었다.

왕세자 등 왕위 계승권자들에 대한 책례는 크게 두 가지 형식이 있다. 하나는 임헌책명臨軒冊命이라 하여 왕이 궁궐의 정전正殿에 나가 직접 동궁東宮에게 책명을 전해주는 형식이다. 다른 하나는 견사내책遣使內冊이라 하여 왕이 정전에 나가 신하에게 책명을 주면 신하가 동궁이 있는 내전內殿으로 가서 그 책명을 전달하는 형식이다. 조선시대에는 그때그때의 상황을 고려하여 선택적으로 행해졌다.

여기서 '상황'을 고려했다고 했는데, 가장 중요하게 고려된 것은 책봉을 받는 동궁의 나이였다. 이미 장성해서 격식을 갖춘 성대한 의례를 잘 수행할 수 있는 나이라면 정전에 직접 나가서 책명을 받지만, 아직 나이가 어려 이런 의례를 감내할 수 없을 정도라면 내전에서 책명을 전달받는 식으로 치렀다. 나이가 매우 어리면 보모가 안고 왕세자의 자리에 나아가 의례를 행하기도 했다.[47]

조선시대 왕세자 책봉 연령은 7세에서 9세 사이를 이상적으로 생각했고, 실제로 특별한 사유가 없는 한 대부분 10세 이전에 책봉이 됐다. 나중에 왕으로 등극한 인물 중 현종과 순조는 11세, 단종은 10세, 문종과 예종은 8세, 숙종은 7세, 인종은 6세에 책봉을 받았다. 혹은 이보다 훨씬 어린 나이에 책봉을 받은 경우도 있는데 경종은 책봉 당시 3세, 순종은 2세였다. 또 장헌세자사도세자와 문효세자 역시 각각 2세와 3세에 책례를 치렀다.

부모가 볼 때는 어린 자식이 몸에 여러 장신구를 달고 여러 벌의 옷으로 구성된 예복을 차려입고 장중한 의례를 치르는 것이 안쓰러울 수 있다. 그래서 1483년성종 14 연산군의 왕세자 책봉에 관해 논의할 때 성종은 다음과 같이 명을 내린다.

> 여덟 살 난 아이에게 관복을 갖추고 예를 행하게 하는 것은 온당치 못할 듯하다. 나는 내전에서 책봉하고 정전에는 나오지 못하게 하려고 하니, 관복은 바꾸지 말고 예전대로 하도록 하라.[48]

왕세자로 책봉될 당시 연산군의 나이는 8세였기 때문에 내전에서 책명을 전해 받는 것으로 대체했다. 실록에 이날 연산군이 입은 옷에 관한 언급이 없어 차림새는 알 수 없다. 그러나 성종이 내린 명령으로 보아 면복은 입지 않은 것으로 보인다. 일반적인 경우라면 책례에서 왕세자는 반드시 면복을 입어야 하고 왕세손도 마찬가지이다. 또 책명을 수여하는 주체인 왕도 면복을 입는다.

조선에서 왕세손의 면복이 규정된 것은 후기 영조 때 왕세손의 복식을 규정하면서이다. 이에 비해 왕세자 면복은 전기부터 내내 착용되었다. 조선 최초의 왕세자 면복은 1450년문종 즉위년 5월에 명나라 경태제가 보내왔다. 명에 왕세자의 면복을 보내줄 것을 요청한 사람은 세종이었는데, 그는 면복이 오기 석 달 전인 2월에 승하했다. 그래서 세종은 이 옷이 오는 것을 보지 못하였다.

문종 즉위년에 온 이 왕세자 면복을 가장 먼저 착용한 이는 단종이었을 가능성이 크다. 세종은 아들인 문종에게 입힐 면복을 요청했었지만, 면복이 도착했을 때 문종은 이미 왕이 되어 있었으므로 왕세자 면복을 착용할 수는 없었다. 문종의 아들인 단종에게 이 옷을 입을 자격이 넘어간 상태였다.

단종은 문종이 즉위하기 전에는 왕세손의 신분이었고, 문종 즉위 후 1450년 7월 10세의 나이에 왕세자로 책봉을 받는다. 단종이 왕세자로 책봉을 받을 당시 세종의 삼년상이 아직 끝나지 않았기 때문에 그의 책례를 거행할 수 있는지 여부와, 왕과 왕세자가 면복을 착용하는 것이 타당한지 여부에 대해 논란이 있었다. 특히 아들이자 상주喪主인 문종의 면복 착용에 관한 문제를 두고 첨예한 논쟁이 벌어졌다. 여러 논의를 거쳐 결국 문종은 면복을 입지 않고 책례에도 공식적으로는 참여하지 않는 것으로 결론이 났다. 대신 정전에 허위虛位를 설치하여 왕이 참여한 것으로 간주하고 안에서 책명을 가져가는 형식을 취했고, 세자는 정전에 나가 책명을 받았다. 세자의 복식에 관해 명확한 기록은 없지만 정황상 이때 5월에 온 면복을 입었을 가능성이 크다. 이후 단종이 세자로 있었던 2년여 동안 큰 행사가 있을 때면 늘 면복을 착용했을 것으로 짐작된다.

그리고 슬프게도, 이 면복은 1455년에 단종이 쫓겨나고 세조가 왕위에 오른 후 세조의 장자인 의경세자懿敬世子, 후에 덕종으로 추존가 왕세자로 책봉

될 때에도 입혔을 것이다. 실록에는 세조가 즉위하고 보름 정도 지난 즈음, 곧 의경세자가 세자로 책봉되기 한 달 전쯤 "왕세자가 이미 면복을 받았다"라는 표현이 보인다.[49] 이 시점이면 중국에서 왕세자 면복을 보냈을 리가 없다. 결국 단종이 왕세자 시절 입었던 면복을 받았다는 의미일 것이다. 자신의 할아버지가 아버지를 위해 청해서 들어왔던 옷을 숙부에게 왕위를 빼앗김과 동시에 사촌에게 넘겨야 했을 어린 단종의 심정은 어땠을까?

### 관례에서의 면복

사람을 포함한 모든 동물은 태어나면서부터 일정 기간 부모의 보호를 받아야 생존이 가능하다. 보호 속에 무럭무럭 자라 어느 시점에 이르면 홀로서기를 시작한다. 그런데 인간은 동물과 달리 독립하기 시작할 때 어떤 상징물을 매개로 일정한 의식을 거행한다. 그리고 의식을 거친 다음에는 자신이 속한 공동체나 사회의 일원으로서 책임과 의무를 진다.

부모의 보호가 필요한 아직 완성되지 않은 인간, 즉 미성년자未成年者에서 완성된 인간, 성인成人으로의 변화를 상징적으로 보여주는 의례가 바로 관례冠禮이다. 그리고 왕실에서는 관례의 피날레를 면복으로 장식한다.

'관례'란 '머리에 관冠을 씌워주는 의례'이다. '관례'라는 용어에는 '관'만 등장하지만, 관례를 행할 때는 관과 옷이 하나의 세트를 이룬다. 미성년자에게 총 세 차례에 걸쳐 관을 씌우고 옷을 입히는데三加禮, 한 단계씩 진행될 때마다 점차 중요하고 높은 등급의 관과 옷을 착용시킴으로써 미성년자가 점차 성인이 되어감을 상징적으로 보여준다. 이런 과정에 아이의 덕德이 점차 진전되기를 바라는 의미를 담는다.[50]

관례를 치르는 장소에 처음 나올 때 주인공은 지금까지 미성년자로서 입었던 옷을 입고 나온다. 이 옷은 처음 나올 때 입는 옷이기 때문에 초출복初出服이라 한다. 미성년자의 복식과 성인의 복식을 구분하는 가장 중요한 표지는 머리에 쓰는 관에 정수리 부분이 있는지 여부다. 정수리를 덮는 관은 성인만 쓸 수 있고 미성년자는 정수리가 비어 있는 관을 써야 한다. 조선 전기 왕실에서는 왕세자나 왕세손의 초출복으로 익선관을 쓰고 곤룡포를 입었다. 익선관은 정수리를 덮은 형태이므로 성인이 쓰는 관이다. 따라서 원래의 의미대로라면 초출복으로 쓸 수 없는 관이다. 게다가 익선관복은 초출복 다음에 입는 초가복初加服으로도 쓰기 때문에, 이 옷을 초출복으로 입고 나오면 미성년자의 옷을 벗고 성인의 옷을 입음으로써 성인이 되어감을 상징한다는 관례 본연의 의미를 형상화하는 데에 문제가 생긴다. 그렇기 때문에 조선 후기로 가면서 익선관을 쓰는 것이 타당한가에 관한 논의가 있게 되었고, 결국 초출복에 익선관 대신 공정책을 쓰

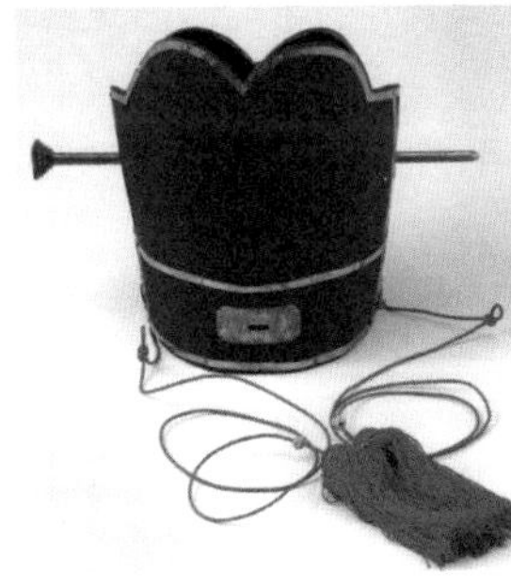

**공정책. 이구(李玖) 유품. 국립고궁박물관 소장**

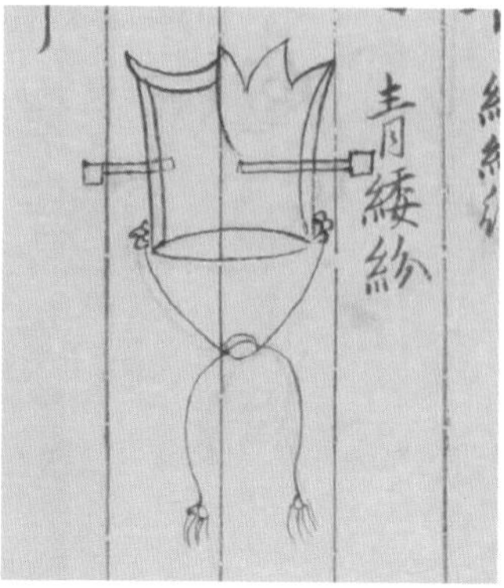

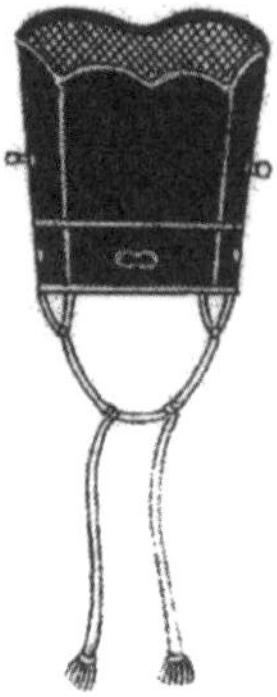

**조선 후기 공정책. 『(현종)왕세손책례도감의궤』(왼쪽), 「국조오례통편서례」(오른쪽)** | 공정책 안의 머리가 쌍상투, 즉 쌍동계이기 때문에 두 개의 비녀를 쓴다. 비녀는 비녀 머리가 양쪽에 남도록 꽂는다.

(왼쪽) **공정책을 쓴 고종의 황자 이육(李堉). 국립고궁박물관 소장**
(오른쪽) **공정책을 쓴 영친왕(10세 무렵). 국립고궁박물관 소장**

기 시작한다. 공정책은 정수리가 비어 있어 미성년자임을 나타내주기 때문이다. 또 그 안의 머리는 쌍동계를 하고, 옷은 직령直領이나 도포道袍를 선택해서 입었다.

초출복으로 쌍동계에 공정책을 쓰고 직령이나 도포를 입고 나온 동자童子는 이제부터 성인 복식으로 바꿔 입기 시작한다. 초출복을 입고 나온 주인공에게 첫번째 관을 씌워주면 그는 방으로 들어가 관과 등급이 맞는 옷을 입고 나온다. 이것이 초가初加 의례이고, 이때 입는 옷은 초가복이라고 한다. 미성년자에게 처음으로 더해준 복식이라는 의미이다.

왕실에서 왕이나 왕세자 등은 그들의 특권적 신분을 드러내는 옷을 관례복으로 썼는데, 초가복으로 입은 것은 익선관복이다. 익선관복은 신하들과 만나는 공식적인 자리에서 입는 옷 중 가장 등급이 낮은 옷이다. 공정책을 벗기고 쌍동계를 풀어 머리를 빗어서 어른처럼 하나로 된 상투를 틀어준 후, 그 위에 익선관을 씌운다. 그러면 주인공은 방으로 들어가 곤룡포를 입고 나온다.

이어 주인공의 초가관을 벗기고 두번째 관을 씌워주면, 주인공은 다시 방으로 들어가 그 관과 등급이 맞는 옷으로 갈아입고 나온다. 이것이 재가再加 의례이고, 이때 입는 옷은 재가복再加服이라고 한다. 두번째로 더해준 복식이라는 의미이다.

왕이나 왕세자의 재가복은 원유관복을 쓴다. 원유관복은 익선관복보다는 한 단계 등급이 높지만 면복보다는 한 단계 낮은 옷이다. 익선관을 벗기고 원유관을 씌워주면 주인공이 방으로 들어가 곤룡포를 벗고 강사포를 입고 나온다.

마지막으로 주인공의 재가관을 벗기고 세번째 관을 씌워주면, 주인공이 또 방으로 들어가 옷을 갈아입고 나온다. 이것이 삼가三加 의례이고, 이때 입는 옷은 삼가복三加服이라고 한다. 세번째로 더해준 복식이라는 의미이다.

삼가복으로는 면복을 쓴다. 면복은 전통시대 복식 중에서 그 어떤 옷과도 비교할 수 없는 최고 등급의 옷이다. 그러므로 이 옷을 삼가복으로 쓰는 것이다. 원유관을 벗기고 면관을 씌워주면 주인공은 방으로 들어가 강사포를 벗고 장복章服을 입고 나온다. 면복 일체를 갖춰 입고 나오는 것이다.

삼가례가 모두 끝나면 주인공은 이제부터 어른으로서 사용할 새로운 이름인 자字를 받는다.

이렇게 해서 관례의 기본 절차가 모두 끝난다. 물론 여러 어른에게 인사를 하는 따위의 부속 행사는 남아 있다. 왕실에서는 관례가 끝나면 당일이나 그다음 날 관례의 주인공이 왕, 대비, 왕비 등 웃전에 인사를 올리는 조알례朝謁禮를 행한다. 또 대개 관례 다음날 왕이 신하들의 하례賀禮를 받고, 관례에 참여했던 여러 사람에게 차등 있게 상을 내려준다. 며칠 후에는 주인공이 종묘에 가서 관례가 끝났음을 조상신께 보고하는 알묘례謁廟禮를 행한다. 조알례와 알묘례에서도 관례의 주인공은 면복을 입는다.

이상과 같이 조선 왕실에서는 미성년자에서 성인으로의 변화를 상징적으로 보여주는 관례를 행했고, 옷은 일상복으로 입는 익선관복에서 원유관복

**초출복인 공정책과 도포. 단국대학교 석주선기념박물관 소장; 파계사 소장** | 도포 대신 직령을 입기도 했다.

**초가복인 익선관과 곤룡포. 영친왕 유물. 국립고궁박물관 소장** | 영친왕은 황제국의 황태자 신분이므로 홍색 곤룡포를 입었다. 조선시대 왕은 홍색, 왕세자는 아청색 곤룡포를 착용했다.

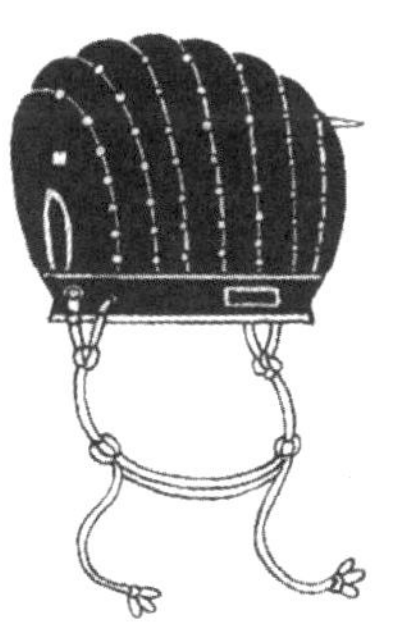
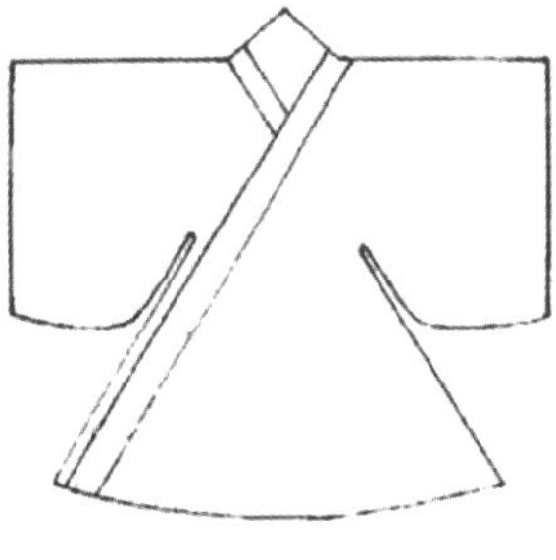

**재가복인 원유관과 강사포. 『국조오례통편서례』「가례」'관복도설·(왕세자)원유관복'**

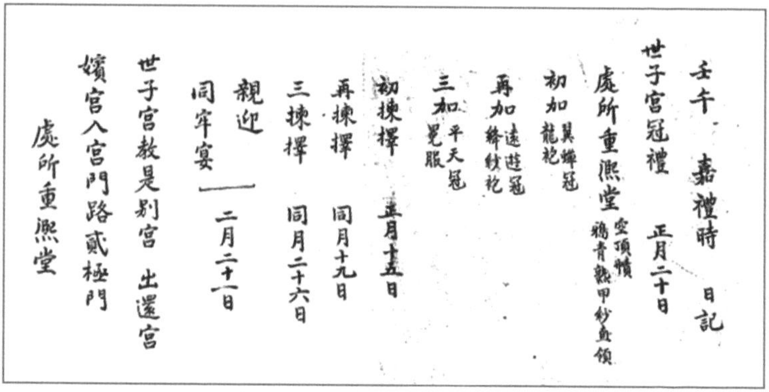
壬午 嘉禮時 日記
世子宮冠禮 正月二十日
處所重熙堂 空頂幘 鴉青熟甲紗直領
初加 翼蟬冠 龍袍
再加 遠遊冠 絳紗袍
三加 平天冠 冕服
初揀擇 正月十五日
再揀擇 同月十九日
三揀擇 同月二十六日
親迎 二月二十一日
同牢宴
世子宮教是別宮 出還宮
嬪宮入宮門路貳極門
處所重熙堂

**순종 관례 자료인 『임오가례시일기』. 장서각 소장** | 순종은 1882년 왕세자 신분으로 혼례를 준비하는 과정에서 관례를 올린다. 관례일은 왕세자빈을 뽑는 1월 19일의 재간택과 26일의 삼간택 사이인 20일이다. 초출복은 공정책과 아청색 숙갑사로 만든 직령, 초가복은 익선관복, 재가복은 원유관복, 삼가복은 면복을 입었다.

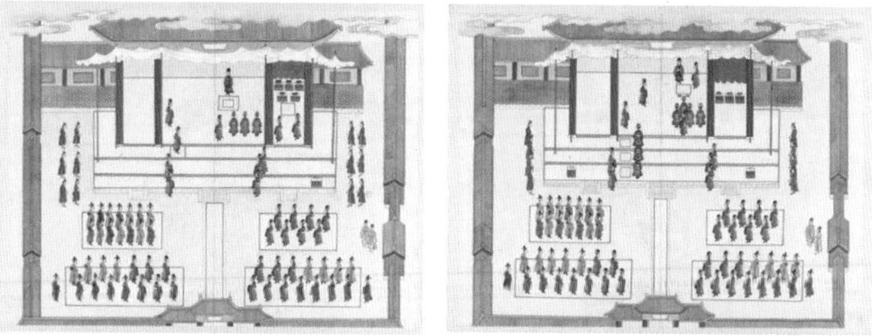

**〈수교도受敎圖〉(부분). 국립문화재연구소 소장** | 왼쪽은 '세자승계입동서(世子陞階入東序)'로 관례 당사자인 왕세자가 신하로부터 왕의 교서를 받은 후 동서(東序: 동쪽 협실)로 들어가 삼가례를 치를 준비를 하는 장면이다. 파란색 휘장 뒤에서 왕세자가 대기하고, 그 앞 세 개의 탁자에는 삼가례에 쓸 옷인 곤룡포, 강사포, 면복이 놓여 있다. 오른쪽은 '삼가'로, 초가, 재가, 삼가의 절차대로 관례를 행하는 장면이다. 동서에서 왕세자가 나오면 빈이 관을 씌워주는데, 계단 위 왼쪽에 익선관, 원유관, 면관이 놓여 있다. 빈은 초가에 단을 하나 내려와서 초가관을 받아다가 왕세자에게 씌우고, 재가에 단을 두 개 내려와서 재가관을 받아다가 씌우며, 삼가에 단을 세 개 내려와서 삼가관을 받아다가 씌운다. 때문에 그림에 단마다 자리가 그려져 있다. 왕세자는 관을 씌워줄 때마다 동서로 들어가 각 관모에 맞는 옷으로 갈아입는다.

을 거쳐 최고의 예복인 면복으로 갈아입었다. 이 과정을 통해 군주나 그 계승권자에게 어른으로서의 책임을 지움과 동시에 나라의 대통大統을 이을 사람으로서의 책임까지도 부여하였다. 그 '책임'은 최종적으로 다른 어떤 신분도 입을 수 없는 면복을 착용하는 것으로 극대화된다.

### 혼례에서의 면복

'친영親迎, 친히 맞이한다'과 '동뢰同牢, 고기를 먹는다', 이 두 절차는 전통사회에서 혼례를 치를 때 가장 핵심적인 부분이다. 각기 다른 환경에서 다르게 자라온 두 남녀는 혼례를 통해 비로소 가정을 이루게 된다. 그 의식은 신랑이 예물을 가지고 신부집에 찾아가서 신부를 맞이해 자신의 둥지로 데려온 다음, 신부와 함께 고기를 먹음으로써 시작된다. 왕이나 그 계승권자는 혼례의 핵심인 이 두 절차에서 면복을 착용한다.

'혼례'에서의 '혼婚'은 예를 올리는 시간을 나타낸다. '혼婚'은 '혼昏'을 의미하는데, '혼昏'은 해가 떨어지고 3각刻이 되는 시간을 말한다. 1각은 15분이므로 3각은 45분이다. 해가 떨어지고 나서 45분 정도가 지나면 날이 어두워진다. 양陽이 가고 음陰이 오는 것이다. 옛사람들은 양을 따라 음이 오는 것을 자연의 섭리라고 보아, 양인 남자와 음인 여자가 결합하는 혼례를 이 시간에 올렸다.[51]

전통적으로 혼례는 여섯 단계의 절차를 거치는데, 이를 '육례六禮'라 한다. 육례는 고대의 예서인 『의례』「사혼례士婚禮」에 의하면 납채納采, 문명問名, 납길納吉, 납징納徵, 청기請期, 친영親迎의 여섯 절차를 가리킨다.

'납채'는 신랑집에서 신부집에 사자使者를 보내 신부를 채택하고 싶다는 의사를 전달하는 의례이다. '문명'은 신부의 이름을 묻는 의식으로, 그 이름으로 혼사가 길한지 혹은 흉한지를 점친다. '납길'은 신랑집에서 신부의 이름으로 점을 쳐서 길하다는 징조를 얻으면 이를 신부집에 알리는 의식이다. '납징'은 신랑집에서 신부에게 폐백幣帛을 보내는 의식이고, 이로써 혼례가 확정된다. 폐백으로는 검은색玄과 붉은색纁 비단을 쓰는데, 검은색은 양을 상징하고 붉은색은 음을 상징한다. '청기'는 신랑집에서 신부집에 혼인 날짜를 정해줄 것을 청하는 의식이다. 그러나 형식적으로만 청할 뿐 실제로는 신랑집에서 정한 날짜를 알려준다. '친영'은 앞서의 여러 의례를 통해 신부를 맞을 준비를 마쳤으면 사자가 아닌 신랑이 직접 신부집으로 가서 신부를 맞이하여 돌아오는 의식이다. 이때 신랑은 자신이 입을 수 있는 최고 등급의 예복을 입고 신부집으로 가서 신부를 데리고 자기 집으로 돌아와 동뢰연을 치른다.

조선시대 왕실에서는 위 「사혼례」의 육례를 간소화하고 또 왕실이라는 특수 상황에 적합하게 별도의 절차를 삽입했다. 이 또한 '육례'로 지칭되지만, 세부 의식은 조금 달라 납채, 납징, 고기告期, 책비冊妃(혹은 책빈冊嬪), 친영, 동뢰로 구성된다. 문명과 납길이 빠지고 책봉 의식이 추가되었으며, 친영에 이어 행하는 동뢰가 별도의 절차로 분리되었다. 이중 납채, 납징, 동뢰는 「사혼례」와 의미나 절차가 유사하고, 고기는 왕실에서 날짜를 정해 신부집에 알리는 것으로 고례古禮에서의 청기와 유사하다. 왕실 육례에서 고례에 없는 절차가 추가된 것은 책비와 책빈인데, 책비는 왕비를 책봉하는 의식이고 책빈은 왕의 후궁, 왕세자빈, 왕세손빈 등을 책봉하는 의식이다.

그 밖에 세부 형식에서 약간 차별화된 것이 친영이다. 친영의 의미와 기본 절차는 고례와 유사하다. 다만 왕은 군주 신분이기에 약간의 차별이 생긴다.

조선시대 왕실에서는 초기부터 친영례를 행했다. 그러나 초기에는 왕세자나 다른 왕자녀의 혼례에서만 친영례를 하고 왕은 하지 않는다. 대신 신하에게 명을 내려 왕비를 모셔오게 했는데, 이를 '명사봉영命使奉迎'이라 한다. 명사봉영으로 대체했던 이유는 왕이 친영을 위해 신하의 집으로 가는 것은 격에 맞지 않는다고 여겼기 때문이었다.

명사봉영 대신 왕이 직접 왕비를 맞아오는 친영례가 시행된 것은 중종이 계비인 문정왕후를 들일 때부터이고, 왕의 친영례가 시행되면서 중요하게 등장하는 것이 별궁別宮이다. 별궁이라는 별도의 장소를 설정해서 왕비 간택자가 그곳에 머물고, 왕이 신하의 집이 아닌 별궁으로 가서 신부를 맞아오면 격이 맞지 않는 문제를 해결할 수 있게 된다. 중종이 문정왕후를 맞이하러 갈 별궁으로 택한 곳은 태평관太平館이었다. 태평관은 현재 서소문동에 있었는데, 중국 사신을 접대하기 위해 만든 국영 객관客館이었다. 사신을 접대하는 행사용으로 활용되던 곳이었기에 별궁으로 쓰는 데 큰 무리가 없었을 것이다. 1517년중종 12 7월 19일 드디어 중종은 태평관으로 나가 조선의 군주로서는 최초로 왕비를 친영했다.

조선시대 왕의 혼례에서 신부를 맞아오는 방식인 명사봉영과 친영에서 면복의 사용을 보면 다음과 같다.

먼저 전기에 명사봉영으로 혼례가 진행될 때를 보자. 모든 의식을 진행할 때는 사전에 길일을 정하고, 사직과 종묘에 고하는 절차를 행한다. 이어 납채례에서는 신하들이 모두 궁궐에 도열하고 의장기를 진열한다. 왕이 면복을 입고 나와 사자로 정해진 신하에게 교서敎書를 주면서 왕비 간택자의 집에 가서 예를 행할 것을 명한다. 사자는 왕비 간택자의 집으로 가서 기러기와 함께 왕의 교서를 전달한다. 납징례도 기본 절차는 이와 같다. 다만 폐백으로 검은색과 붉은색 비단을 보내며, 왕이 면복 대신 원유관에 강사포를 입는다. 고기례도 납채례와 같고, 왕의 옷 역시 면복 차림이다. 책비례는 왕비 책봉 교명과 함께 책冊, 인장, 명복命服, 예복을 왕비 간택자의 집에 보내 의식을 치르게 한다. 이때 왕은 원유관복을 입는다. 마침내 혼례 당일이 되면 신하를 보내 왕비를 맞아오게 한다. 왕은 궁궐에서 면복을 입은 채 교서를 내려 사자에게 왕비를 맞아오도록 명하고, 사자는 기러기를 가지고 왕비의 집으로 간다. 사자가 왕비를 모시고 와서 궁궐 정전 밖에 도착하면 면복 차림의 왕이 나와서 왕비를 맞이하여 정전으로 들어가 동뢰연을 치른다. 동뢰의식이 끝나면 왕과 왕비는 옷을 갈아입고 합방에 든다. 이때 왕은 면복을 벗고 평상시 복식인 익선관과 곤룡포를 착용한다.

이제 친영에서의 면복 착용을 보자. 친영 이전의 다른 절차는 명사봉영과 크게 다르지 않고, 친영에서만 다른 점이 나타난다. 혼례날이 되면 왕은 면복을 입은 채 궁궐을 나오고, 신하가 기러기를 안고 왕보다 앞서 간다. 별궁에 도착하면 왕은 안으로 들어가 전안례奠鴈禮를 한다. 전안례는 왕과 왕비가 각각 동과 서로 나누어 마주보고, 왕이 북쪽 벽 앞에 놓인 상 위에 기러기를 올리는 의식이다. 전안례가 끝나면 왕이 왕비를 인도하여 궁으로 돌아와 동뢰연을 치르고, 끝나면 합방에 드는데 이때 왕은 면복을 벗고 익선관복으로 갈아입는다.

이처럼 왕은 명사봉영을 할 때나 친영례를 할 때나 중요한 순간에 면복을 착용했다. 그런데 면복을 착용하는 것은 왕이 혼례 당사자일 경우에만 해당되지는 않았다. 왕세자나 왕세손이 혼례를 할 때에도 왕은 혼례의 주관자가 되어 혼례의 일부 의식에 참여한다. 그중 납채와 고기 때 면복을 입고, 신랑인 왕세자에게 훈계의 말을 하는 임헌초계臨軒醮戒, 즉 초례醮禮에도 면복을 입는다.

한편 왕세자는 조선 전기부터 친영례를 행했는데, 명나라에서 처음으로 면복을 보낸 1450년문종 즉위년 전까지는 조복朝服을 입었다. 조선 초기 왕세자의 조복은 관원의 조복과 같은, 양관梁冠에 상의와 하상 등 여러 가지 복식으로 구성된 차림이다. 그러나 1450년 이후에는 계속 면복을 입는다. 혼례 당일 세자는 임헌초계 의식 후 친영을 하고, 마지막으로 동뢰연을 함으로써

이날의 의례를 마무리한다. 이 임헌초계, 친영, 동뢰연에 모두 면복을 입는다.[52]

지금까지 본 것처럼 조선시대 왕과 왕세자는 혼례의 중요한 절차마다 면복을 착용했다. 특히 혼례의 하이라이트라고 볼 수 있는 친영과 동뢰연에서 면복을 입었다. 친영 의례에 면복을 입는 이유에 대해 한나라 학자 정현은 다음과 같이 말했다.

> 대부 이상은 친영을 할 때 면복을 입는다. 면복을 입고 맞이하는 것은 귀신을 섬기듯이 하는 것이다. 귀신을 섬기듯 한다는 것은 그렇게 함으로써 존중하고 친애한다는 뜻이다.[53]

면복은 본래 제사를 지낼 때 입는 옷이었다. 하늘과 땅의 신, 조상신, 산천의 신 등을 섬길 때 입는 옷인데, 신을 섬길 때 입는 옷으로 친영을 함으로써 혼례를 성스럽게 여긴다는 것을 보여주는 것이다.

친영과 이때 착용하는 면복의 중요성에 관한 언급은 『중종실록』에서도 볼 수 있다.

> 중궁 자리가 이미 결정되었으니 마땅히 친영의 의례를 의논해야겠다. 이번에 정당한 예대로 거행해야 참으로 옛적에 배필을 중히 여긴 뜻과 합치될 것이다. 옛적에 노魯나라 애공哀公이 묻기를 '면복 차림으로 친영을 하는 것

은 지나치게 무거운 것이 아닙니까?'라고 하니, 공자가 대답하기를 '두 성씨가 우호를 맺어 선성先聖의 뒤를 계승하고 그로써 천지·종묘·사직의 주인이 되는 일인데 임금께서는 어찌하여 지나치게 무겁다고 하십니까? 천지가 화합하지 않으면 만물이 생겨나지 못합니다. 대혼大婚, 천자와 제후의 혼례은 만세를 이어가는 일인데 임금께서는 어찌하여 지나치게 무겁다고 하십니까?' 라고 했다. 비록 지금 사세事勢가 옛날과는 다르지만 정당한 예를 어찌 폐할 수 있겠는가? 내 생각에 친영하는 예를 거행하여 신민들에게 혼인을 중히 여기는 뜻을 보이고 싶은데 어떠한가?[54]

중종이 문정왕후를 최종 왕비 간택자로 결정한 다음 신하들을 모아놓고 한 말이다. 친영례를 시행하기에 앞서 그 의례의 중요성을 설파한 중종의 말을 통해 친영뿐만 아니라 면복의 중요성을 다시 한번 깨닫게 된다. 공자는 남녀의 결합을 천지가 화합하는 것으로 그리고 만물의 근본으로 여겼고, 특히 군주의 혼례는 만세를 이어가는 것이므로 면복을 입고 친영을 하는 것이 합당하다고 보았다.

중종이 인용한 애공과 공자의 문답은 본래 『예기』「애공문哀公問」에 나온다. 애공이 정치를 한다는 것의 의미에 관해 묻자 공자는 '예禮가 정치의 근본禮其政之本'이라 말하고, 예를 다스리는 데에는 친애와 공경이 중요하다고 한다.[55] 공자가 정치에서 사람에 대한 친애와 공경을 강조한 것에 대해 애공이 면복을 입고 친영을 하는 것은 지나치게 무거운 예가 아닌가를 물었던

**〈친영반차도〉 중 고종(왼쪽)과 명성황후(오른쪽)의 가마. 『(고종명성후)가례도감의궤』(1866년). 서울대학교 규장각 소장** | 고종과 명성황후의 혼례에서 친영을 하는 모습을 그린 반차도 중 왕과 왕비의 가마 부분이다. 왕실 행사를 그림으로 묘사할 때 왕을 포함한 왕실 사람은 그 형상을 그리지 않고 의자나 자리 등으로 위치만 나타내는 것이 원칙이므로 면복을 착용한 모습을 확인하는 것은 불가능하다. 비록 형상이 묘사되지 않았지만, 이 행렬에서 고종은 면복을 입었다. 우리나라의 마지막 군주 혼례의 모습이다.

것이다.

공자의 대답에는 전통시대 위정자들이 정치를 할 때 예를 얼마나 중요하게 여겼고, 예가 잘 구현되는 이상사회 건설을 위해 남녀의 결합인 혼례를 얼마나 중요하게 생각했는지 잘 나타나 있다. 그리고 남녀가 신랑과 신부로 처음 만날 때 면복을 착용함으로써 친애함과 공경함의 극치를 보이는 것이 당연하다고 보았다.

## 등극의례에서의 면복

왕이 승하하면 당대의 기술과 예술이 최고로 집약된 상장례가 일련의 절차를 밟으며 시작된다. 영면永眠한 왕을 모시기 위한 행위가 이어지는 것이다. 그런데 왕이 승하할 시점에 부각되는 가장 중요한 문제는 왕위의 계승이다. 왕위의 계승은 나라의 존망과 직결되는 큰일이다. 그러므로 왕이 승하하면 바로 계엄령이 내리고, 왕위 계승자가 왕으로 등극하면 계엄령은 해제된다.

왕위 계승자가 왕으로 등극하는 시점은 상복을 차려입은成服 다음이다. 조선시대 일반 가정에서는 사망 3일째에 납관納棺을 마치고 다음날인 4일째에 상복을 차려입지만, 왕실에서는 5일째에 납관을 하고 6일째에 상복을 입는 것이 예법이었다. 6일째 되는 날 왕위 계승자는 일단 상복을 입었다가, 다시 왕이 최고의 의례를 거행할 때 입는 예복으로 갈아입고 지존의 자리에 오른다. 그 예복이 바로 면복이다.

왕위의 계승은 대개 가족의 죽음을 전제로 한다. 가족을 잃은 슬픔 속에서 최고 지위에 올라야 하는 것이다. 그러나 국가적 입장에서는 군주가 새로 등극하여 나라의 새 반석이 세워지는 것이므로 매우 길한 의식으로 치러야 한다. 가족을 잃은 슬픔을 나타내는 상복을 입었다가 다시 길복吉服인 면복으로 갈아입는 것은 이러한 상황의 복잡성과 관련자들의 심정을 단적으로 보여준다. 슬픔 속에 슬픔만 있지 않고, 기쁨 속에 기쁨만 있지 않다. 정치적

**1926년 순종 국장에서 상복 차림의 영친왕. 이혜원 소장** | 일반적인 경우 성복(成服) 당일에 상복을 입었다가 길복인 면복으로 갈아입고 등극의례를 한 후 다시 상복을 입는다. 그러나 영친왕은 등극의례를 하지 못한다.

이해를 달리하는 수많은 사람들의 복잡한 감정이 엇갈린다.

'등극登極'은 '즉위卽位'라는 말과 같다. 등극은 '지극한 곳에 오른다'는 뜻이고, 즉위는 '자리에 나아간다'는 뜻이다. '지극한 곳'과 '자리'는 모두 장소를 나타내는 말로서, 권력의 최고 정점인 왕위를 가리킨다. 왕위에 나아가 오르는 것, 그것이 바로 '등극'이고 '즉위'이다.

이쯤 되면 등극의례 혹은 즉위의례에서 빠질 수 없는 물선이 무엇인지 짐작이 갈 것이다. 바로 어좌御座이다. 왕이 앉는 의자가 있고, 그 의자에 앉음으로써 군주의 자리에 올랐음을 모든 사람에게 상징적으로 보여준다. '등극'이나 '즉위'라 하면 군주가 되는 것을 뜻하는 추상적인 단어로 받아들이는 사람들이 대부분이나 사실 이 말은 매우 구체적인 의례 행위를 지칭한다. 물론 넓은 의미에서 등극의례는 자리에 앉는 것을 전후로 한 일련의 의식을 모두 포괄한다. 그리고 등극의례에는 의자 외에 선왕이 내린 교서와 왕권을 상징하는 옥새도 필요하다.

등극에는 여러 가지 형태가 있다. 선왕이 사망하여 상례를 진행하고 다음 왕이 등극하는 것은 '사위嗣位'라 부른다. '자리를 잇는다'는 의미이다. 이 외에 한 왕조당 오직 한 번만 있을 수 있는 개국開國에 의한 등극이 있다. 또 선위禪位, 즉 양위讓位가 있다. 선왕이 사망하기 전에 다음 왕에게 왕위를 물려주는 것이다. 그리고 문제가 있다고 공론화된 왕을 물리적인 힘을 써서 강제로 폐위하고 반정反正에 의해 등극하는 경우가 있고, 폐위되었다가 복위復位를 통해 다시 등극하는 경우도 있다.

조선은 1392년에 개국해서 1910년에 멸망하기까지(조선을 넓게 보아 대한제국까지 포함할 경우) 모두 27명의 군주가 등극했다. 이중 태조부터 고종까지 26명은 모두 '왕'으로 등극하였고, 순종은 황제로 등극했다. 고종은 왕으로 등극했다가 1897년에 대한제국을 선포하면서 황제로 다시 등극한 특이한 사례이다.

등극의 여러 형태 중 가장 이상적인 것은 선위이다. 능력을 갖춘 다음 세대의 왕을 선택하여 선왕의 자의自意에 의해 왕위를 넘긴다면 그야말로 이상적이라 할 만하다. 조선에서 선위를 통해 등극한 왕은 정종, 태종, 세종, 세조, 예종, 순종 등 총 여섯 명이다. 다음은 세조가 예종에게 선위하려 할 때의 상황이다.

세조가 수강궁壽康宮으로 이어移御하였다. 병이 점점 위중해지자 예조판

경복궁의 정전인 근정전 내부의 어좌

서 임원준任元濬을 불러서 전교하기를 '내가 세자에게 전위傳位하려 하니 모든 일을 준비하라'라고 하니, (…) 내시로 하여금 면복을 가져오게 하여 친히 세자에게 내려주니, 세자가 굳이 사양하였으나 할 수 없었다. (…) 날이 저물자 세자가 수강궁 중문中門에서 즉위했다.[56]

세소는 반대하는 신하들을 물리치고 극구 사양하는 세자에게 왕의 자리에 오르도록 명을 내리면서 결정적으로 '왕'의 면복을 건네준다. 이쯤 되자 세자와 신하들도 더이상 반대하지 못하고 그 뜻을 받들어 등극을 단행한다. 매우 이상적인 왕위 교체의 모습이라 할 수 있다. 그러나 예종에게 왕위를 물려준 세조가 그다음 날 사망하면서 선위의 진정한 의미가 상쇄된다. 또 정종과 태종은 조선 초기 왕자의 난과 연계되어 강압적인 힘의 논리로 선위를 받은 경우이고, 세조의 등극은 실제로는 조카인 단종으로부터 왕위를 찬탈한 것이며, 순종의 등극은 고종이 일제의 강압에 의해 선위하면서 이루어진 것이었다. 결국 조선에서 이상적인 선위는 태종이 아들인 세종에게 왕위를 양보할 때뿐이었다.

위에서 보았듯 세조는 면복을 통해 자신의 강한 선위 의지를 피력하고 더 이상의 반발이 생기지 않도록 한다. 군주를 대표하는 상징물로 면복이 부각되고 있다. 이제 조선시대의 정식 등극의례에서 면복이 사용되는 상황을 보자.

명나라에서 면복이 처음 들어온 것은 1402년태종 2이다. 그런데 그전에 조선에는 이미 면복이 있었다. 1395년태조 4에 태조가 종묘에서 제사를 지낼 때, 그리고 1398년태조 7 설날 중국 황제에게 정조正朝를 하례할 때 착용한 기록을 통해 확인할 수 있다. 이 면복은 고려 왕조가 명나라로부터 받은 것이었을 것이다. 1370년공민왕 19에 명나라는 고려에 9류면 9장복을 보낸 적이 있다. 태조는 역성易姓혁명을 통해 조선이라는 새로운 나라를 개국하면서도, 고려의 왕대비와 상의하여 공양왕을 폐위하고 신하들의 추대에 의해 마지못해 왕위를 잇는 형태로 등극한다. 그래서 등극의례시 어좌에 앉지 않고 피해 앉으며, 신하들의 하례賀禮를 받을 때도 앉지 않는다. 그가 당시 어떤 옷을 입었는지 기록에 나타나지는 않지만 이런 상황에서 면복을 입지는 않았을 것이다. 그러나 이후의 기록에서 면복이 보이므로 고려의 면복이 태조 때까지 남아 있었고 태조는 등극 후에 이 옷을 착용한 것으로 볼 수 있다.

왕이 등극 후 바로 면복을 입은 기록은 정종 때부터 보인다. 그러나 이때에도 정종은 등극시 면복이 아닌 원유관에 강사포를 입었고, 등극의례가 끝난 다음 부왕父王인 태조에게 '상왕上王'이라는 존호를 올릴 때 면복을 착용했다. 태종 역시 등극의례에서는 정종처럼 원유관복을 입었다. 세종은 등극 당시 명나라에서 보내준 면복이 있었음에도 불구하고 입지 않은 것으로 보인다. 그는 부왕 태종의 양위를 극구 사양하다가 태종이 친히 충천각모衝天角帽를 씌워주자 마지못해 왕위에 오른다.[57] 충천각모는 익선관으로 추정된다. 자세한 기록이 없어 그 복식을 알 수는 없으나 태종이 충천각모를 씌워주자 세종과 신하들은 할 수 없이 태종의 양위를 받아들이고 이날 의례를 치른 것으로 기록하고 있어, 다시 면복으로 갈아입은 것으로 보이지는 않는다.

등극의례에 면복을 착용한 사례는 문종 때부터 확인된다. 문종은 조선 왕실 최초로 사위의 형태로 등극한 왕이다. 세종이 승하한 후 등극한 것이다. 문종의 등극 절차는 앞에서 말한 상례 진행중에 일단 상복을 입었다가 다시 면복으로 갈아입고 등극을 한 후, 또다시 상복을 입는 형식을 따랐다. 면복을 입은 채 선왕의 시신을 모셔둔 빈전 앞에서 선왕이 남긴 교서와 대보, 즉 옥새를 받고, 궁궐의 정전 문으로 가서 그곳에 놓인 어좌에 앉았던 것이다.

문종이 면복을 입고 등극한 이래 조선시대 사위 의례는 대체로 이와 크게 다르지 않았다. 예외가 있다면 반정으로 왕위에 오른 중종과 인조이다. 중종은 반정이 일어난 당일 오후에 박원종朴元宗 등의 추대에 의해 경복궁 근정전에서 등극했다. 당시 익선관에 곤룡포를 입었는데, 실록에서는 "즉위할 때는 마땅히 곤면복袞冕服을 사용해야 하는데 이 관복을 사용한 것은 창졸간에 갖출 겨를이 없어서이다"라고 하였다.[58] 인조는 직접 반정을 지휘하여 왕이 된 경우이다. 그의 등극은 밤에 정적政敵을 제거하고 나서 새벽에 매우 간략히 치러졌다. 실록에 옷에 대한 언급은 없으나 당시의 급박한 상황이 매우 상세하게 기록되어 있다.[59] 당시 상황을 고려하면 아마 면복은 고사하고 익선관복조차 갖추기 어려웠을 것이다.

이상에서 본 것처럼 면복은 등극의례에서 빠질 수 없는 매우 중요한 요소이다. 몇몇 비정상적인 경우를 제외하면 등극의례는 면복을 갖춰 입은 다음 진행된다. 하지만 정작 기록을 보면 면복이 우리가 기대하는 것만큼 중요하게 부각되지 않는다.

면복이 등극의례에서 결정적으로 중요한 물품으로 부각된 것은 고종이 대한제국을 선포하고 황제로 등극할 때였다.

> 자시子時. 황제大駕가 왕태자와 함께 원구단에 친히 제사 지낸 뒤에 황제에 등극하였다.
>
> (…) 때가 되어 장례가 밖의 준비가 끝났음을 무릎 꿇고 아뢰니, ①상上이 면복을 입고 나왔다. (…) 예의사禮儀使의 인도로 상이 초헌례初獻禮를 행하였다. (…) 집례가 아뢰기를 '아헌례亞獻禮를 행하소서' 하였다. (…) 집례가 아뢰기를 '종헌례終獻禮를 행하소서' 하였다.
>
> (…) 조금 있다가 의정이 백관을 거느리고 망예위望瘞位에서 무릎 꿇고 아뢰기를 '고하는 제례를 마쳤으니 황제의 자리에 오르소서' 하였다. 신하들의

부축을 받으며 상이 금으로 장식한 의자에 앉았다. 백관이 먼저 반차班次를 배열하고 집사관이 면복안冕服案과 보안寶案을 들고 이르렀다. 의정이 ②곤면복을 받들어 무릎 꿇고 올려 면복안 위에 두었다. 의정 등이 나아가 곤면복을 꺼내 성궁聖躬께 입혀드렸다. (…) 의정이 옥보를 받들고 상언上言하기를 '황제께서 대위大位에 오르시니 신들이 삼가 어보御寶를 올립니다' 하였다. (…) 상이 계엄을 풀었다. 도로 대차에 들어갔다. 조금 있다가 ③상이 면복을 입고 나왔다.[60]

고종은 황제 등극을 천지에 고하는 제례에서 면복을 입고 의례를 행했다. 이어 본행사에 해당하는 등극의례를 통해 황위皇位에 오르는데, 그 절차는 의외로 간단하다. 먼저 어좌에 앉고, 이어 신하가 고종에게 면복을 입혀드리며, 마지막으로 옥보, 즉 옥새를 올린다. 또한 어좌와 옥새 외에 황제를 가장 잘 상징하는 물건으로 면복을 설정하여, 신하가 면복을 입혀드리는 절차를 의례에 추가했다. 조선시대에도 면복은 왕권의 정통성을 나타내는 가상 중요한 표지이기는 했지만 의례에서 면복을 올리는 별도의 절차를 설정하지는 않는데, 대한제국 황제 등극의례에서 면복은 일약 의례의 주인공으로 등장한 것이다.

위 인용문 중 ①에서 언급되는 면복은 고종이 조선의 왕으로서 입었던 9장복이고 ②, ③에서 언급되는 면복은 대한제국의 황제로서 입은 12장복이다. 고종은 황제 등극 전에 제례를 올릴 때는 9장 면복을 입고 등극 후에는 12

장 면복을 입은 것이다. 왕이 다스리던 국가에서 황제가 다스리던 국가로의 변화를 9류와 9장이 아닌 12류와 12장 면복을 통해 만천하에 드러내고 있다.

### 상례에서의 면복

조선시대 최고의 학자군주로 인정받는 정조는 서른한 살에 후궁인 의빈 성씨로부터 첫아들 문효세자1782~1786를 얻었다. 문효세자는 순조의 이복형이다. 의빈 성씨는 2007~2008년 인기리에 방영되었던 TV 드라마 〈이산〉의 여주인공 성송연이다('송연'이라는 이름은 역사 기록에서 확인되지 않는다). 궁녀로 있다가 정조의 승은을 입어 승은 후궁이 된 그녀는 왕비나 다른 후궁들이 받지 못한 지아비의 사랑을 한몸에 받았다. 그러나 정조가 사랑하는 여인에게서 어렵사리 얻은 첫아들 문효세자는 다섯 살의 나이로 사망한다.

문효세자의 상례를 포함하여, 조선시대 왕실 상례에서 죽은 이에게 면복이 어떻게 사용되었는가를 알아보자.

우리는 일상생활에서 '염습斂襲'이라는 말을 쓴다. 그런데 상장례 절차로 보면 '습襲'이 먼저이고, '염斂'이 나중이다. 죽은 이에게 옷을 입히는 것, 즉 수의壽衣를 입히는 것을 '습'이라 하고, 수의를 차려입은 시신을 또다른 옷이나 이불로 싸고 끈으로 묶는 것을 '염'이라고 한다. 염은 소렴小斂과 대렴大斂으로 구분된다. 대렴이 끝남과 동시에 시신은 관에 모셔지고, 이어 빈소殯所

가 마련된다. 여기까지가 초상初喪 의례라 할 수 있고, 초상 의례가 끝나면 그다음 날 가족과 친척이 상복을 갖춰 입는다.

사망확인屬纊 → 복復; 招魂 → 목욕沐浴 → 습(반함飯含 포함) → 소렴 → 대렴 → 납관納棺 → 빈소 마련

초상 의례의 절차는 왕실과 일반 가정이 같다. 왕실에서는 총 닷새가 소요되고 일반 가정에서는 사흘이 소요되는 점이 다를 뿐이다. 왕실과 일반 가정 모두 사망 당일에 죽은 이를 목욕시키고 습을 하지만, 소렴과 대렴을 일반 가정은 이틀 연속으로 하고(사망 제2일 소렴, 제3일 대렴) 왕실은 하루씩 걸러서(사망 제3일 소렴, 제5일 대렴) 한다. 또 물품은 여러 가지를 달리하는데 특히 염습을 할 때 쓰는 옷이 다르다. 왕은 습의襲衣로 9벌을 쓰고, 소렴의小斂衣로 19벌을 쓰며, 대렴의大斂衣로 90벌을 쓴다. 이에 비해 사대부는 습의 1벌(고대 예서에서는 3벌로 명시하지만 『주자가례』를 준수한 조선에서는 1벌로 축소), 소렴의 19벌, 대렴의 30벌을 쓴다.

유교에서 염습을 통해 시신을 단단히 싸고 묶는 것은 혼이 떠난 육체는 이제 감추어야 할 대상이라고 여기기 때문이다. 숨이 끊어진 시신은 바로 부패하기 시작한다. 그냥 두면 썩으면서 부풀어오르고, 시즙屍汁이 흘러나오는데 자칫 관에 들어가지 않을 수도 있다. 그러므로 수십 벌의 옷으로 싸고 또 이불로 감싸서 묶음 베絞布로 단단히 묶는 것이다.

그런데 옛사람들은 습을 하고 소렴과 대렴을 해서 시신이 부풀어오르는 것을 억제하되 이들 절차에 사용하는 옷에 차별을 두고, 절차에 따라 한 단계씩 높은 옷을 씀으로써 죽은 이가 생전에 누렸던 영화와 복록을 형상화하려 했다. 습보다 소렴에, 또 소렴보다 대렴에 높은 등급의 옷을 써서, 대렴까지 마치면 죽은 이는 살아생전에 자신이 입을 수 있었던 최고 등급의 옷으로 감싸이게 된다. 조선시대 왕실 염습의에서도 이를 엿볼 수 있다. 왕이나 왕세자, 왕세손 등이 사망하면 습의로 익선관에 곤룡포, 소렴의로 강사포, 대렴의로 면복을 쓴다.

죽은 이를 감싸는 염습의, 그리고 그 속에서 사용하는 면복을 통해 드라마틱하게 드러내고자 했던 착용자의 세속적 영화는 여기에 그치지 않는다. 무덤에 면복 일체의 모형을 만들어 넣어서 죽어서도 그 영화를 누리기를 희망한다.

조선시대 왕실에서 무덤에 넣는 물품에 '복완服玩'이란 것이 있다. 왕이나 왕세자 등의 복완품에는 면복이 포함된다. 본래는 생전에 쓰던 실제 크기가 아니라 축소해서 모형으로 만든 것을 사용한다. 조선 전기에는 2분의 1 크기로 제작했고(『국조오례의』), 후기에는 5분의 1 크기로 제작했다(『국조상례보편』 등). 그런데 후기로 오면서 모형이 아니라 평상시 쓰던 것을 그대로 사용하기도 한다.

복완용 면복은 발인發靷을 할 때 복완채여服玩彩輿에 실려서 간다. 장지에 도착해서는 먼저 시신을 묻고, 내관을 내리고 외곽을 닫은 다음 그 남쪽에 다른 기물과 함께 복완을 묻는다. 복완은 먼저 나무로 만든 함에 넣고, 나무 함은 다시 돌로 만든 함에 넣는다. 이렇게 해서 대렴에 쓴 면복은 시신을 감싸고 복완에 쓴 면복은 시신의 남쪽에 모셔지게 된다.

조선시대에는 일반적으로 15~16세 정도면 혼인을 하여 자식을 낳았으므로 30세가 넘으면 이미 할아버지가 된 사람도 흔했다. 그런데 정조는 1782년에 서른한 살이 되어서야 첫 자식을 얻었다. 왕비인 효의왕후가 자식을 낳지 못하자 간택후궁으로 홍국영의 여동생 원빈 홍씨 그리고 화빈 윤씨를 차례로 들이지만 역시 자식을 보지 못한다. 그런 상황에서 왕으로 등극한 지 6년 만에 의빈 성씨로부터 첫아들을 얻은 것이다. 아래는 문효세자가 태어난 날의 기록이다.

> 왕자가 탄생하였다. 임금이 승지와 각신閣臣들을 불러 하교하기를 '궁인宮人 성씨成氏가 태중胎中이더니 오늘 새벽에 분만하였다. 종실이 이제부터 번창하게 되었으니, 나 한 사람의 다행일 뿐만 아니라 머지않아 이 나라의 경사가 계속 이어지리라는 것을 확실히 알 수 있으므로 더욱더 기대가 커진다(…)' 하였다. 신하들이 경사를 기뻐하는 마음을 아뢰었다. 임금이 이르기를 '비로소 아비라는 호칭을 듣게 되었으니, 이것이 다행스럽다' 하였다.[61]

"비로소 아비라는 호칭을 듣게 되었으니, 이것이 다행스럽다"라는 말이 정조의 마음을 온전히 전해준다. 문효세자를 낳은 성씨는 일개 궁인의 신분에서 일약 정3품의 품계인 소용昭容으로 봉해지고, 이듬해에는 정1품 의빈宜嬪이 된다.

이렇게 기쁨과 축하 속에 태어난 문효세자는 1786년정조 10 음력 5월 11일 미시未時에 창경궁에서 사망한다. 비로소 '아비'란 소리를 듣게 해준 아들이 죽었으니, 정조의 슬픔은 가히 짐작할 만한 일이다.

문효세자가 죽은 후 그의 상장례는 일반적인 의식 절차를 그대로 따른다. 왕은 제후諸侯의 의례를 따르지만, 왕세자는 일반 사대부와 같은 절차를 따르는 것이 기본이다. 그러나 왕세자이기에 다른 점이 몇 가지 있는데, 그중 하나가 면복의 사용이다.

앞서 언급한 대로 왕세자가 사망했을 경우에도 왕과 마찬가지로 습에 익선관과 곤룡포, 소렴에 강사포, 대렴에 면복을 사용한다. 또 복완용으로 면복을 넣어준다. 그러나 문효세자는 아직 관례 전이었으므로 습을 할 때 익선관 대신 공정책을 씌우고 곤룡포를 입혔다. 그리고 정조는 문효세자를 위해 따로 복완용 면복을 마련하지 않았다. 그의 상례에서 면복은 대렴에만 쓰인 것이다.

대렴에 쓰인 면복은 생시에 세자가 입던 것이다. 기록에서는 상의와 하상 앞에 '도의倒衣'라는 표현이 보인다. '도의'는 염에 쓰는 옷을 평상시 옷을 입을 때처럼 깃이 위로 가게 놓는 것이 아니라 아래로 가도록 거꾸로倒 놓는다는 말이다. 통상적으로 시신을 염할 때는 옷을 온전하게 놓기도 하지만, 방정方正하게 감싸기 위해 필요에 따라 거꾸로倒 놓거나 바느질 솔기가 밖으로

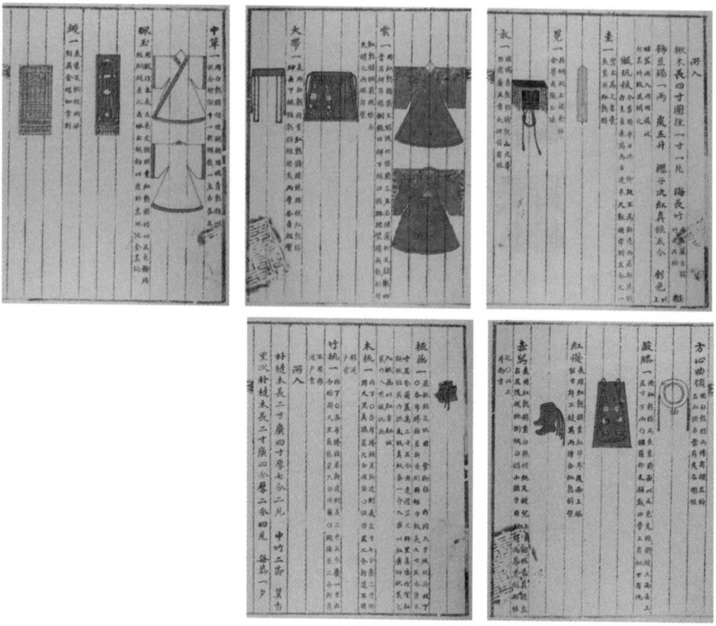

**정조의 복완용 면복. 「정조국장도감의궤」「복완질服玩秩」** | 정조의 무덤 남쪽에 넣은 복완용 면복이다.

(왼쪽) **복완용 면복을 실은 채색 가마(服玩彩輿). 「정조국장도감의궤」 발인 반차도(부분)** | 복완용 면복을 만들어 이 채여에 싣고 장지에 이른다.
(오른쪽) **순종의 발인 행렬 중 대여(大輿). 이혜원 소장** | 대여 안에 모신 순종의 시신은 대렴용 면복으로 감싸여 있다.

나오도록 뒤집어서顚 놓기도 한다. 시신을 관에 넣을 때 반듯이 눕히고 또 최대한 빈 공간이 생기지 않도록 하기 위해서인데, 옷을 거꾸로 놓거나 뒤집어 놓으면 어깨에서부터 발까지 경사가 심하지 않게 쌀 수 있기 때문이다.

특이한 것은 염을 할 때 다른 옷들은 거꾸로 놓아도 되지만 면복처럼 등급이 높은 옷은 거꾸로 놓지 않는 것이 또한 예법이라는 점이다. 등급이 높은 옷을 존중하는 의미에서다.[62] 그런데 문효세자는 대렴에 쓴 면복을 거꾸로 놓았고, 소렴에 쓴 강사포 및 그 하상과 폐슬도 거꾸로 놓았다. 이해가 가지 않는 대목이다.

대렴을 할 때 사용한 물목에서 눈에 띄는 내용이 하나 더 있다. 그것은 수의襚衣로 대홍색大紅色 곤룡포를 썼다는 기록이다. 수의는 사람이 죽으면 죽은 이를 위해 가족이나 친척이 부의賻儀로 보내주는 옷을 말한다. 죽은 이에게 습을 할 때 입히는 습의襲衣, 즉 요즘 흔히 말하는 수의壽衣와는 다른 용어이다. 이 수의襚衣는 본래 습의로는 쓸 수 없고, 소렴과 대렴에서 시신을 감싸는 염의斂衣로는 쓸 수 있다. 곤룡포는 왕, 왕세자, 왕세손 등이 입을 수 있는 옷인데 왕은 대홍색, 왕세자와 왕세손은 검은색 혹은 검은색에 가까운 아청색을 쓴다. 문효세자의 대렴에 수의로 쓴 곤룡포가 대홍색이라고 했으므로, 이 곤룡포는 왕인 정조의 것임을 알 수 있다. 어린 아들이 죽자 아비가 자신이 평소에 입던 곤룡포로 아들을 감싸준 것이다. 한창 어리광 부릴 나이에 떠나는 자식을 저세상에서라도 따뜻하게 보살펴주고 싶어 자신의 옷으로 감싸주었던 것 아닐까?

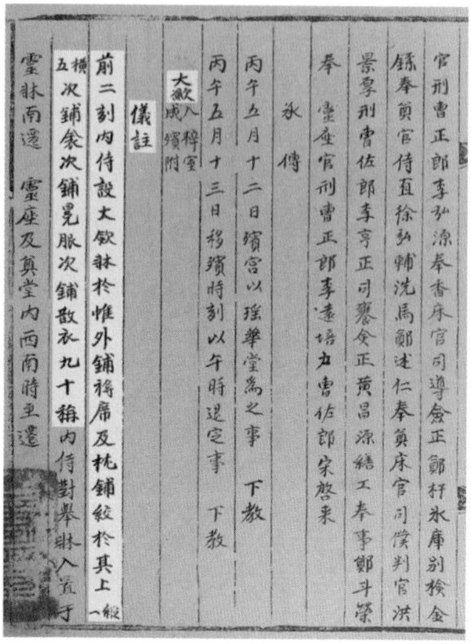

官刑曹正郎李弘源奉香床官司導僉正鄭圩氷庫別檢金
錄奉奠官侍直徐弘輔洗馬鄭述仁奉奠床官司僕判官洪
景享刑曹佐郎李亨正司宰僉正黃昌源繕工奉事鄭斗燦
奉 靈座官刑曹正郎李達培户曹佐郎宋啓來
氷 傳
丙午五月十二日殯宮以瑤華堂爲之事 下敎
丙午五月十三日移殯時刻以午時退定事 下敎
大斂入梓宮成殯附
儀註
前二刻內侍設大斂牀於帷外鋪褥席及枕鋪絞於其上一般
横五次鋪衾次鋪冕服次鋪散衣九十稱內侍對擧牀入置于
靈牀南還 靈座及奠堂內西南時至還

大斂床。鋪褥席及枕布絞。白木花紬長一横五。用大紅雲紋
緞衾。內領藍雲紋緞拱白無紋綾。正 上 倒衣。黑熟綃冕服。白熟
綃中單。鴉青雲紋緞貼裏。襵鶴青具 紫的鄕織石榴紋
緞狀子。內拱藍無紋綾。蓮頭色花緞夾袖。緞袖內口拱大紅真紅雲紋廣
織藍廣織道袍。深綠雲紋緞狀子。以上內拱大紅真紅緞。玉色
禾漢緞廣袖。蓮頭色蟬綃廣袖。玉色蟬綃廣袖。甫
羅令綃長衣。以上內拱白禾花紬。下 倒衣。真紅熟綃冕裳。藍
廣織道袍。內拱無紋綾。粉紅紫的無紋鄕織廣袖。內拱禾花紬。白
玉色禾漢緞廣袖。內拱廣織。白頭綠無紋綾長衣。內拱白禾紬
花紬。襚衣。大紅雲紋袷紗衮龍袍。內拱紋袷紗。藍雲藍輕光

(왼쪽) **『문효세자빈궁혼궁도감의궤』 '대렴·의주'** | 문효세자 대렴에 면복을 사용한 사실이 기록되어 있다.
(오른쪽) **『일성록』 정조 10년 5월 13일(을묘)** | 문효세자 대렴에서 면복을 쓸 때 시신을 방정하게 싸기 위해 상의와 하상을 거꾸로 놓았다.

문효세자는 이렇게 염습을 모두 마치고 마침내 관에 모셔진다. 관은 장생전長生殿에서 관리하는데, 당시 장생전에 있던 관은 문효세자가 쓰기에는 너무 커서 새로 제작한다. 5세 어린아이의 작은 몸에 맞는 관이 없었던 것이다. 이후 관의 겉에 반복적으로 칠을 한다. 문효세자의 관에는 정조가 특별히 명을 내려 총 50번 칠을 하게 했는데, 기록에 의하면 정조는 칠을 할 때 자주 가서 살폈고 마지막 50번째에도 직접 현장에 거둥했다. 관 위에는 금가루泥金를 개어서 '상上'이라는 글자를 쓰는데, 보통은 서사관書寫官이 쓰지만 정조는 자신이 친히 쓰겠다고 하였고, 실제로 직접 쓴다.

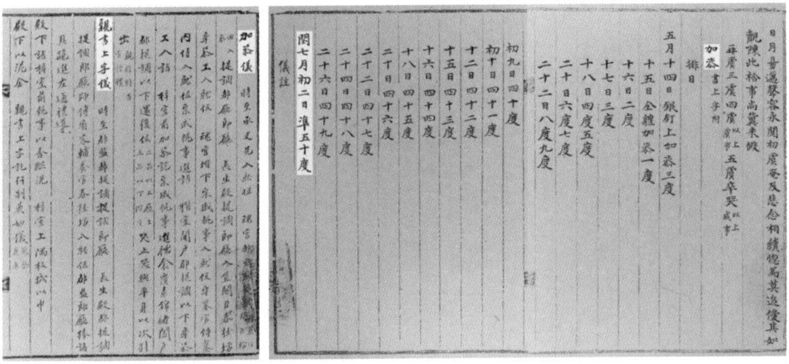
加漆
排日
五月十四日 鋸釘上加漆三度
十五日 全體加漆一度
十六日 二度
十七日 三度
十八日 四度五度
二十日 六度七度
二十二日 八度九度
初九日 四十度
初十日 四十一度
十二日 四十二度
十五日 四十三度
十六日 四十四度
十八日 四十五度
二十日 四十六度
二十二日 四十七度
二十四日 四十八度
二十六日 四十九度
閏七月初二日 準五十度
儀註

**『문효세자빈궁혼궁도감의궤』 '가칠'** | 1786년 5월 15일 문효세자의 관에 처음으로 칠을 한 후 윤7월 2일에 50번째 칠을 했다. 이어 정조가 아들의 관에 친히 금가루로 '상(上)'이라는 글자를 썼다.

이후 정조는 아들의 영원한 안식처인 장지葬地를 결정하는 일 등 장례 절차를 준비했고, 여기에는 복완품을 마련하는 일도 포함됐다. 정조에게 문효세자가 갖는 의미를 생각하면 복완품으로 면복을 새로 만들어 넣어주었음 직하지만, 정조는 그렇게 하지 않고 세자가 생전에 입었던 다른 옷을 대신 넣게 한다. 정조는 왜 사랑하는 아들에게 면복을 따로 만들어주지 않았을까? 아들이 저승에서도 이승의 영화를 누리기를 바라는 아비로서의 마음이 약했던 것일까?

문효세자가 사망한 이후의 기록을 보면 상례를 치를 비용이나 물품과 관련해서 정조가 "조금의 민폐民弊라도 제거하라"고 하거나 "긴요하게 쓸 것이 아니면 모두 거론하지 말라"라고 하여, 여러 물품을 줄이거나 없애라고 명하는 내용이 보인다. 또 모든 일을 행함에 이미 있는 것을 적절히 활용하여 "절약하는 뜻"을 솔선수범한다. 문효세자의 복완용 면복을 따로 마련하지 않은 것도 이런 정조의 뜻을 읽으면 이해가 간다. 아들의 상에 당면한 정조의 마음은, 그의 표현을 빌리자면 "지금 힘쓸 일은 감정을 억제하고 슬픔을 절제하는 것"이었다.[63] 자신의 슬픔을 물질로 드러내 아들의 저승길을 밝히 열어주고 싶은 마음이 왜 없었겠는가? 그러나 정조는 이런 개인적인 감정을 절제하고, 한 나라의 군주로서 백성과 신하들의 곤궁함과 번거로움을 먼저 고려한 것이다. 백성을 생각하는 그의 마음은 아래 구절에 잘 나타나 있다.

> 묘소에 가서 일하겠다고 자원한 그들의 마음을 모르지는 않지만, 이처럼 큰 슬픔을 당한 것은 덕이 없는 나로 말미암은 것이다. 그리고 또 평소 백성에게 준 실지의 혜택이 털끝만큼도 없는데 지금 만약 소원대로 일을 하게 하여 마치 저절로 역사役事에 나온 것처럼 한다면 나의 마음에 부끄러움이 없겠는가?[64]

묘소 조성에 자원한 백성들을 역사에 동원시키지 말라고 명하는 내용이다. 어린 아들의 죽음이라는 슬픔을 당한 것을 자신의 탓으로 돌리며 평소 백성에게 준 혜택이 없는데 그들을 동원하는 것은 부끄러운 일이라 말하고 있다.

이렇게 장례 준비를 거쳐 윤7월 19일에 명정과 혼백을 앞세우고 상여喪輿 행렬이 궁을 떠나 장지로 향했다. 문효세자는 드디어 땅에 묻혔고, 발인 행렬을 따라간 아비 정조는 정자각丁字閣에서 아들의 신주에 제목을 달았다.

일반적으로 신주는 신하 중에 글씨를 잘 쓰는 사람을 서사관으로 정해서 쓰게 한다. 그러나 정조는 직접 신주를 썼다. 먼저 신주의 뒷면인 함중陷中에 "조선국 문효세자 이름 순晫의 신주朝鮮國文孝世子諱晫神主"라 쓰고, 이어 앞면에 "문효세자의 신주文孝世子神主"라고 썼다. 신주를 쓰고 나면 지금까지 혼백魂帛에 머물렀던 혼이 신주로 옮겨온다고 여겼다. 이렇게 해서 문효세자의 육체는 땅에 묻히고 혼만 신주에 깃들어 궁으로 다시 돌아갔다.

묘소에서 정조는 아들이 편안히 머물기를 바라는 뜻을 담아 초우제初虞祭를 행했다. 또 궁에 돌아온 후에는 이제부터 아들의 혼이 머물 혼전魂殿인 경희궁 태령전泰寧殿에 신주를 안치한 후 재우제再虞祭를 행하였다. 이어 태령전의 후원으로 가서 아들의 혼이 머물다가 떠난 혼백을 손수 묻었다.

이렇게 정조는 한 나라의 군주답게 침착하게 일련의 장례 절차를 치른다. 그리고 그 슬픔 속에서도 세자의 장례로 인해 백성에게 피해가 가지 않도록 매우 세심한 주의를 기울인다. 그는 천생 '군주'였다.

문효세자가 사망할 당시 의빈 성씨는 임신중이었다. 하지만 그녀는 1784년 3월에 낳았던 딸이 첫돌을 넘기지 못하고 1785년 사망한 데 이어 세자인 아들까지 잃자 결국 삶의 끈을 놓아버린다. 그녀는 세자가 죽은 지 넉 달 후인 1786년 9월 14일 서른넷의 나이에 만삭의 몸으로 사망한다. 사료에서는 이때 정조가 출산을 "매우 기대하고 있다가 그지없이 애석해하고 슬퍼하였다"라고 기록하고 있다. 문효세자를 잃은 후 곧 태어날 자식에게 새로운 기대를 하고 있다가 그 자식과 함께 사랑하는 여인까지 잃은 것이다.

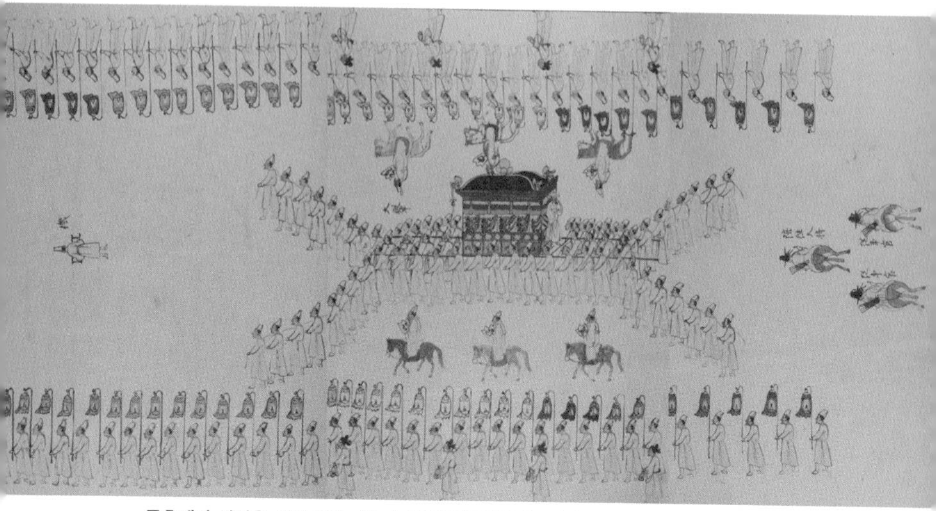

**문효세자 시신을 실은 대여. 『문효세자예장도감의궤』 발인 반차도(부분)** | 문효세자의 시신을 실은 상여가 장지로 떠나는 장면이다. 문효세자는 자신의 면복과 아버지 정조의 곤룡포로 감싸였다.

**경희궁 태령전 뒤편** | 정조는 장지에서 돌아와 재우제를 지낸 후 문효세자의 혼이 깃들었던 혼백을 태령전 뒤에 손수 묻는다.

정조는 이듬해인 1787년에 다시 간택후궁으로 수빈 박씨를 들인다. 그리고 1790년에 그녀에게서 아들을 얻는다. 그 아들이 바로 순조다. 그리고 1793년에는 숙선옹주를 얻는다.

# 출궁과 환궁의 차림

조선의 왕이나 대한제국의 황제는 큰 제사를 올릴 때 면복을 입는다. 그런데 집 안에서 의식을 집행하는 일반 가정의 제사와 달리, 왕이나 황제가 주재하는 국가 단위의 제사는 궁궐 밖에서 지내기 마련이다. 그렇다면 왕이나 황제가 궁에서 나갈 때부터 면복을 입었는지, 아니면 다른 옷을 입고 갔다가 현장에서 갈아입었는지 궁금증이 생긴다. 또 다른 옷을 입고 갔다면 돌아올 때는 어땠을까?

의례 장소로 갈 때의 차림은 의례를 궁궐 안에서 하느냐 밖에서 하느냐에 따라 달랐다. 궁궐 안의 의례에는 대개 처음부터 면복을 입고 의례 장소에 도착한다. 옷을 갈아입지 않는다. 예외가 있다면 중국 황제로부터 조서詔書를 받을 때인데, 왕은 궁궐 안 정전 뜰에서 면복을 입은 채 조서를 받는 의식을 한 후 한쪽 옆에 설치한 막차에서 면복을 벗고 익선관에 곤룡포로 갈아입는다. 그런데 이 경우 애초에 왕이 궁궐 안에 있다가 조서를 받는 의식을 거행한 것이 아니라, 모화관慕華館에 나가서 면복 차림으로 중국 사신과 조서를 맞이하여 궁으로 돌아와서 의식을 치른 것이고, 또 연속해서 중국 사신을 위한 다례茶禮를 행해야 하기 때문에 익선관복으로 갈아입었던 것이다. 이렇게 궁궐 밖으로 나갔다가 돌아와서 연속되는 행사를 치러야 하는 경우를 제외하면 궁궐 안의 의례에 따로 옷을 갈아입을 필요는 없었다.

이에 비해 의례를 행하기 위해 궁궐 밖으로 행차할 때는 면복이 아닌 다른 옷을 입었다. 조선시대에 왕이 궁궐 밖으로 행차해서 거행하는 의식은 대부분 제례이다. 제례를 위해 출궁할 때와 환궁할 때의 차림에 관해 조선 전기의 『국조오례의』는 원유관복으로 규정하였고, 조선 후기의 『국조속오례의』는 모두 익선관복으로 규정하였다.

비록 전기와 후기에 옷의 종류가 달라지지만 전례서에서는 이렇게 출궁과 환궁에 같은 차림을 하는 것으로 규정하고 있다. 그러나 실제로는 출궁에 원유관복, 의례를 행할 때 면복, 환궁에 익선관복의 순서로 착용하는 경우가 많다. 원유관복-면복-익선관복의 순서로 옷을 갈아입는 것은 대표적으로 성균관에서 특정 의례를 거행하기에 앞서 제례를 올리는 상황을 통해 알 수 있다.

성균관에서는 가장 중요한 제사인 문묘제례 외에 왕이 신하들과 더불어 시범 강연하는 의례인 시학례視學禮, 활쏘기 의례인 대사례大射禮, 왕세자가 성균관에 입학하는 의례인 입학례入學禮 등 여러 의례가 행해졌다. 그리고 성균관에서 이들 의례를 거행할 때는 본행사에 앞서 먼저 공자와 여러 성현의 위패를 모신 대성전大成殿에 가서 작헌례酌獻禮, 즉 제례를 행하였다. 이 경우 왕은 원유관복을 입고 궁을 나와서, 성균관에 도착하여 면복으로 갈아입은 후 대성전에서 제례를 지내고, 다시 익선관복으로 갈아입은 후 명륜당 등에서 행하는 본행사에 참석하고 그 차림으로 궁에 돌아왔다.

## 키워드 속 키워드 4

# 어디에서 면복을 갈아입나?

중국에 고적 답사를 가면 황제가 옷을 갈아입었던 장소를 쉽게 볼 수 있다. 대표적으로 베이징 남쪽에 있는 천단天壇에서 찾을 수 있다. 천단은 명나라와 청나라 황제가 제사를 지내던 장소로 크게 원구단, 황궁우皇穹宇, 기년전祈年殿, 황건전皇乾殿 등의 건축물로 구성되어 있다.

이들 건물 중 실제 제사를 올리던 곳은 원구단과 기년전인데, 이 두 곳 모두 앞쪽에 '구복대具服臺'가 있다. 네모난 모양인데 제사에 앞서 그 위에 '대차大次'라고 부르는 황제의 황색 막차를 설치하고, 황제는 제사 지내기 전에 도착하여 대차에서 옷을 갈아입는다. 이곳에서 제복을 '갖추기具' 때문에 '구복'이라 하고, 땅보다 조금 높게 단壇을 쌓

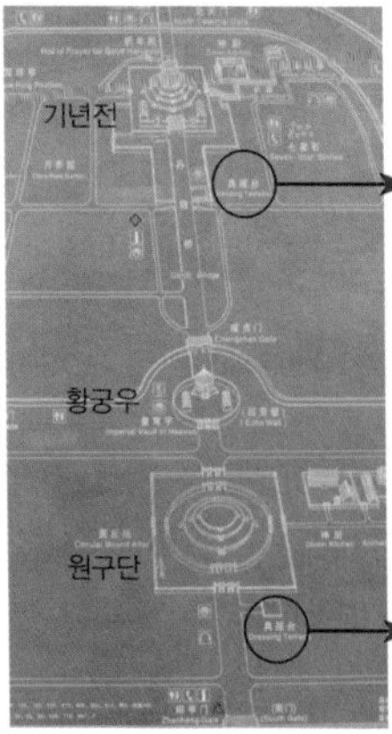

천단 안내도

기년전의 구복대

원구단의 구복대

**베이징 천단의 구복대**

아 만든 형태이기 때문에 '대臺'라는 명칭을 얻었다. 또 '옷을 갈아입는 곳'이라는 의미에서 '갱의처更衣處' 혹은 '갱의대更衣臺'라고도 부른다. 구복대와 대차를 합해서 '작은 황금색의 궁전'이라는 의미로 '소금전小金殿'이라고도 한다.

원구단의 구복대는 남쪽에 있는 영성문欞星門 밖 동쪽에 있다. 기년전의 구복대도 남문 밖 동쪽에 있는데, 기년전 남문과 황궁우를 잇는 다리인 단폐교丹陛橋의 북쪽 부근이다. 천단 안에서 원구단은 남쪽에 있고, 기년전은 북쪽에 있다. 때문에 현재 편의상 원구단에 딸린 구복대는 '남구복대', 기년전에 딸린 구복대는 '북구복대'라고 부른다.(2011년 1월 필자가 천단에 갔을 당시, 북구복대에는 노란색 기와지붕의 건물을 지어 매점으로 쓰고 있었다.)

남구복대와 북구복대 중 구조상 재미있는 것은 남구복대이다. 남구복대는 네모난 큰 벽돌을 깔아서 만들었다. 그 동쪽 끝에는 구복대 아래로 내려갈 수 있는 계단이 있고, 계단이 끝나는 곳에 아치형 입구가 하나 있다. 입구는 작은 직사각형의 벽돌을 쌓아서 만들었고, 사람이 충분히 드나들 수 있을 정도로 크다. 이 입구로 들어가 안쪽에서 불을 지피면 구복대 바닥이 따뜻해지는 온돌 형식이다. 원구단에서의 제천 의례는 동지에 지낸다. 동지는 양력 12월 22일경으로, 1년 중 가장 추울 때이다. 이렇게 추울 때 제례를 지내야 하는 황제를 염려하여 대차 내부의 온도를 따뜻이 유지하게 만든 것이다.

베이징의 천단은 명나라와 청나라의 황제들이 제례를 올리던 곳이지만, 그 구복대에서 면복을 갈아입은 것은 명나라 황제뿐이다. 청나라는 중국 역사상 유일하게 면복을 입지 않은 나라이다. 이민족이라도 나라를 세워 중국 전역을 지배하면 한족의 복식인

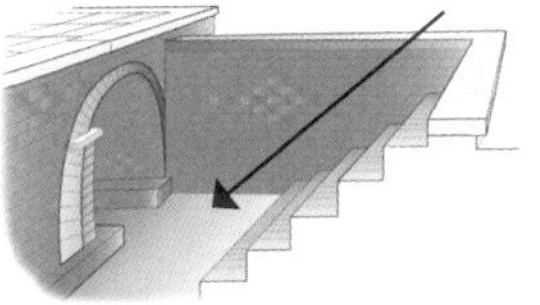

**베이징 원구단의 구복대 아궁이 입구**

**베이징 월단의 구복전과 현판**

면복을 받아들여 입었지만, 청나라만은 자기 민족(만주족) 고유의 옷을 입고 한족의 옷인 면복을 입지 않았다.

베이징에는 천단 외에도 농사의 신인 신농씨神農氏에게 제사를 지낸 선농단先農壇, 해와 달의 신에게 제사를 지낸 일단日壇과 월단月壇 등에 옷을 갈아입었던 장소가 남아 있다. 선농단, 일단, 월단에 있는 갱의처는 모두 전각殿閣의 형태로 건물을 지었기 때문에 '구복전具服殿'이라 한다.

중국의 고적에서는 옷을 갈아입었던 장소를 쉽게 찾을 수 있는 반면 우리나라는 그 흔적을 찾을 수 없다. 그래도 조선시대의 여러 문헌에는 왕이 옷을 갈아입은 장소가 명시되어 있다.

먼저 세조 때의 제천례를 보면, 제사 사흘 전에 바깥담外壝의 동문 밖에 있는 길의 북쪽에 남향으로 대차를 설치했다. 또 『국조오례의』에 의하면 왕이 사직제를 올릴 때는 제사 전에 제단 서문 밖의 길 북쪽에 남향으로 대차를 설치한다고 했다. 선농단 역시 문밖의 길 북쪽에 남향으로 대차를 설치한다. 왕은 제사를 지내는 곳에 도착하면 먼저 대차로 들어가 면복으로 갈아입은 후, 밖에서 준비가 다 끝났다고 아뢰면 대차 밖으로 나온다. 제사를 지낸 후에는 다시 대차로 돌아와 면복을 벗는다.

한편 종묘제례에서도 왕을 위해 막차를 설치한다. 그 위치는 종묘의 조계阼階, 동쪽 계단 동쪽에 있는 동월랑 밖 북쪽이고, 서향으로 설치한다(『종묘의궤』에서는 조계 동쪽

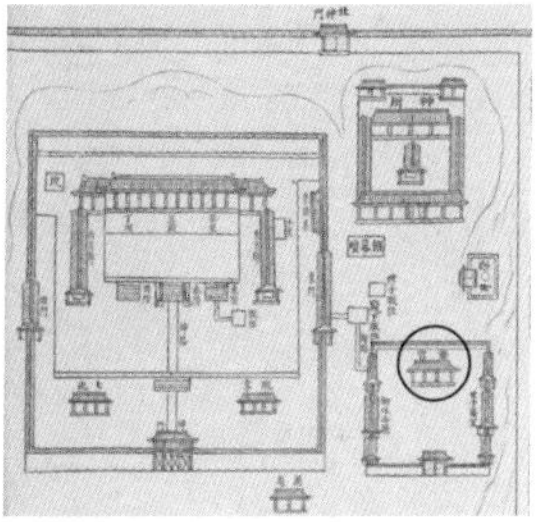

**종묘의 재궁. 『종묘의궤』 〈종묘전도〉 일부**

의 동월랑 밖에 소차의 위치가 표시되어 있고, 『춘관통고』에는 동월랑 안에 표시되어 있다). 그런데 이 막차는 대차가 아닌 소차小次이다. 즉 왕이 옷을 갈아입는 막차가 아니라 의식을 행하는 중간에 잠시 쉬기 위해 마련된 막차이다. 왕이 각 신주에 초헌례를 모두 행한 후 소차에 들어오면 주렴을 내려 쉴 수 있게 하고, 그 사이 왕세자가 아헌례를 행하고 영의정이 종헌례를 행한다. 종묘에서 왕이 옷을 갈아입는 곳은 동쪽에 있는 재궁齋宮이다. 왕은 재궁에서 면복으로 갈아입고 기다리다가 밖에서 준비가 다 끝났다고 아뢰면 재궁 서쪽 문으로 나와 종묘의 동쪽 문으로 들어가고, 종묘에서 제례를 올린 후에는 다시 재궁으로 돌아가서 면복을 벗은 후 환궁한다.

이상과 같이 조선시대에는 중국처럼 옷을 갈아입을 대차를 설치할 고정된 장소를 대臺 모양으로 만들지는 않았지만, 재궁에서 옷을 갈아입거나 아니면 일정하게 정해진 장소에 대차를 설치하여 갈아입었다.

키워드 속 키워드 5

## 쌍동계와 공정책

단종의 경우도 그렇고 연산군의 경우도 그렇고 모두 어린 나이에 책봉을 받는다. 단종은 10세, 연산군은 8세였다. 이는 성인식인 관례冠禮를 올리기 전에 책봉을 받았다는 것을 의미한다. 고대의 예서인 『의례』나 『예기』 등에 의하면 20세가 되었을 때 관례를 올린다고 하였고, 조선시대에는 대부분 15세 정도에 관례를 올렸다.

전통시대에 관례를 올리기 전의 미성년자未成年者는 정식 관모를 쓸 수 없었고, 정수리 부분이 비어 있는 관모를 써서 아직 완성된 인간成人이 아님을 상징적으로 보여주어야 했다. 그런데 왕세자가 책봉 때 쓰는 면관은 정수리 부분이 덮여 있는 완전한 형태의 관모였다. 조선 전기에는 관례 전이라고 할지라도 책례에 이 면관을 그대로 썼던 것으로 보이나,[65] 조선 후기로 가면서 면관을 쓰는 것이 타당한가의 문제가 대두된다. 그 하나의 예로 1667년(현종 8) 1월에 훗날 숙종이 되는 왕세자의 책례가 있었다. 당시 왕세자의 나이 7세였고, 당연히 관례를 하지 않은 상태였다. 이에 현종은 관례를 하지 않은 왕세자에게 어떤 관모를 씌워야 하는가를 논의하도록 명했다. 결국 중국의 경우를 참조하여 정수리가 비어 있는 형태의 관모인 공정책空頂幘을 쓰는 것으로 결정된다. 또 머리 모양은 어린아이를 나타내는 쌍동계雙童髻로 하고, 옷은 7장복을 입었다.

'쌍동계'는 말 그대로 풀면 '어린아이들이 하는 두 개의 상투'이다. 머리 꼭대기 양쪽에 봉긋하게 상투를 트는데 그 모양이 꼭 동물의 머리에 난 뿔角 같고, 그 상투의 밑동을 '총總'이라 부르는 끈으로 묶기 때문에 '쌍동계'를 달리 '총각總角'이라고도 한다. 오늘날 결혼하지 않은 젊은 남자를 '총각'이라고 부르는 것은 여기에서 비롯했다.

(왼쪽) **한대(漢代) 개책**
(오른쪽) **조선시대 양관(오량관). 단국대학교 석주선기념박물관 소장**

'공정책'은 '정수리頂가 비어 있는空 책幘'이라는 뜻이다. 책은 한나라에서 탄생한 관모인데 처음에는 신분이 비천한 사람들이 썼지만 나중에는 황제나 관원들도 모두 쓰게 된다. 형태도 다양해져 평건책平巾幘, 평상책平上幘, 개책介幘 등 여러 종류가 탄생한다. 미성년자가 쓰는 책을 조선시대에는 '공정책'이라고 했지만, 중국 문헌에는 대개 '공정흑개책空頂黑介幘' 혹은 '공정개책空頂介幘'이라는 이름으로 나타난다. 이 말은 '정수리가 빈 검은색의 개책' 혹은 '정수리가 빈 개책'이라는 의미이다. 정수리를 비웠다는 것은 곧 미성년자임을 나타내는 것이었다.[66] 한나라 이후 중국에서는 관례를 올리지 않은 황제, 황태자, 친왕 등이 공정흑개책을 썼다. 이러한 중국의 규정을 참고로 조선 후기에 공정책을 만들어 쓰기 시작했는데, 형태는 한나라의 개책과는 많이 달랐다. 조선의 공정책은 면관의 면판 부분을 없앤 형태와, 또 당시 신하들이 쓰던 양관梁冠에서 양梁이 있는 정수리 부분을 제거한 모양을 모방해서 만들었기 때문이다.

이렇듯 '공정'이라는 말이 갖는 상징적 의미가 있기 때문에 그 용어는 채택하되, 공정흑개책의 본래 형태를 알 수 없으므로 조선시대에 볼 수 있었던 면관과 양관을 참작해 새로운 형태의 공정책을 만들었다. 공정책은 미성년자인 왕세자나 왕세손이 평상시 쓰거나 의례를 위해 면복을 입을 때 함께 쓰도록 했다. 면복을 입되 예법과 상징을 고려해 변통한 사례이다.

# 혼을 유혹하는 옷, 면복

사람의 병이 심해져 죽음이 임박하면 가족들은 집 안팎을 청소한 후, 병자에게 새 옷을 입힌다. 병자의 기력이 다했을 즈음, 인중에 솜을 올려 숨이 끊어지는 것을 확인한다屬纊. 솜의 움직임이 없어 숨이 끊어진 것이 확실해지면, 죽은 이의 혼이 멀리 떠나가기 전에 복復, 즉 초혼招魂을 한다.

동아시아의 고대 유교에서는 사람의 정기를 혼魂, 몸을 백魄으로 보고, 사람이 살아 있는 동안에는 혼백이 함께하다가 죽으면 분리된다고 믿었다. 이런 믿음 속에 사람의 숨이 막 끊어지면 가장 먼저 '복'을 행한다. '복'은 '돌아오라'는 의미로, 떠나가는 혼을 본래 자신이 머물던 육체인 백으로 돌아오라고 부르는 것이다. 이렇게 혼을 부르기 때문에 복을 '초혼'이라고도 한다.

복을 할 때는 혼을 유혹하는 매개체로 옷을 쓴다. 이 옷은 '복의復衣'라 부르며, 죽은 이가 생전에 입었던 옷 중에서 가장 등급이 높은 옷을 쓰는 것이 원칙이다. 그래서 고대의 예서는 복의로 면복을 쓰도록 명시한다. 물론 이는 면복 착용이 허락된 천자부터 대부까지의 신분에 국한되는 것이고, 사士와 일반 사람들은 자신의 신분에 허용된 최고 예복을 썼다.

복을 행하는 사람은 복자復者라 부른다. 복자는 복의를 가지고 지붕에 올라가 흔들면서 흩어져 떠나가는 혼을 향해 '돌아오라'고 외친다. '당신이 이승에서 이런 면복을 입을 정도로 고귀한 신분인데 다 버리고 어디로 가는가! 돌아와서 다시 이 영화와 명예를 누림이 어떠한가!'라는 의미를 담은 듯하다. 이렇게 부르면 혼이 돌아와 복의에 깃

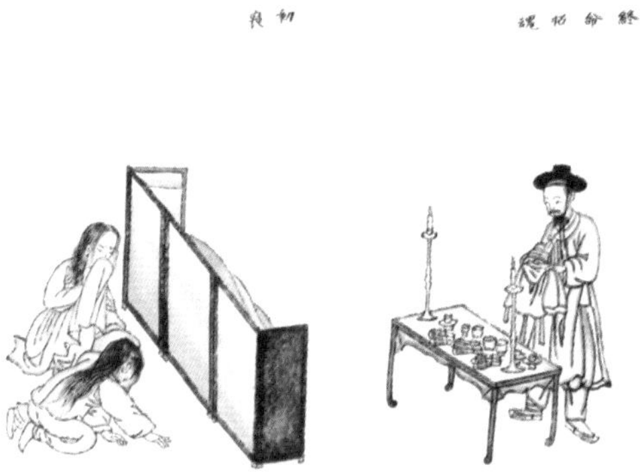

**〈초상初喪〉(왼쪽)과 〈종명초혼終命招魂〉(오른쪽). 김준근 그림, 서울역사박물관 소장** | 왼쪽은 상을 당한 가족들이 시신 앞에서 울고 있는 모습이다. 오른쪽은 죽은 이의 육체에서 떠나가는 혼을 부르는 초혼, 즉 복을 하는 모습이다. 그림 속 복자의 손에 복의가 들려 있다. 복의로는 고대의 예서에서는 면복을 입을 수 있는 신분은 면복을 쓴다고 했는데, 조선시대에는 면복 대신 곤룡포를 썼다.

들었다고 여기고, 이어서 옷에 깃든 혼이 육체로 다시 들어가기를 바라면서 시신에게 덮어준다. 혼이 백으로 돌아오게 하는 행위를 했음에도 불구하고 죽은 이가 소생하지 않으면, 그때부터 목욕과 염습 등 장례 절차를 밟는다.

사실 복을 하는 것은 실제로 혼이 육체에 들어가 죽었던 사람이 살아난다고 믿었기 때문이라기보다, 죽은 이가 살아 돌아오기를 바라는 가족들의 간절한 마음을 표현하기 위해서일 뿐이었다. 때문에 『예기』 「단궁檀弓」에서 "복은 사랑하는 마음을 다하는 도리이다復, 盡愛之道也"라고 하였다. 복은 가족들이 죽음이라는 충격적 사건을 받아들이기 위한 하나의 준비 단계로 보는 것이 타당할 것이다.

한편 혼을 유혹하는 복의로 고대에는 면복을 썼지만 조선시대 왕실에서는 곤룡포를 썼다. 때문에 정조는 왕으로서 입었던 대홍색 곤룡포를 쓰고, 문효세자는 왕세자로서 입었던 아청색 곤룡포를 썼다.

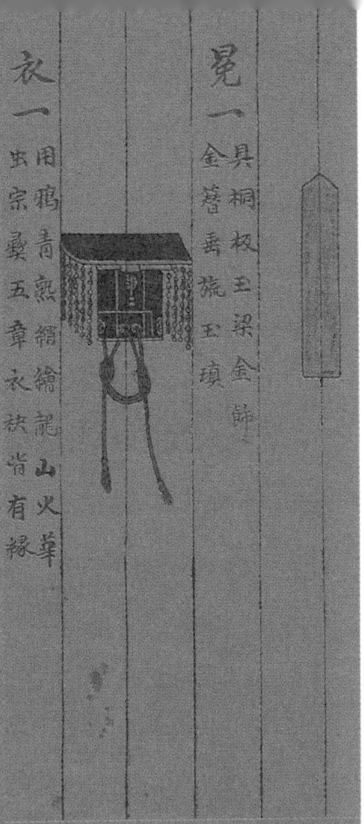


# 5

# 진정한 영도자를 생각하며

유교 국가에서 군주의 제사 행위는 세속적 통치 행위보다 더 중요했다. 최고 권력자인 황제나 왕이 스스로 하늘의 아들 혹은 조상의 후손이라 여기면서 면복을 입고 공경하는 마음으로 제사를 지낸 것은 통치에 임하는 자세라든가 권력을 행사하는 자세에 영향을 미쳤을 것이다.

옛날이나 지금이나 복식은 두 가지 기능을 갖는다. 하나는 거친 외부 환경으로부터 착용자의 몸을 보호하는 실용적 기능이고, 다른 하나는 착용자의 지위나 권위를 남들에게 과시하는 장식적 · 상징적 기능이다. 문명이 발달할수록 복식의 실용적 기능보다는 장식적 기능이 더 중요해진다. 수천 년 전에 정립된 유교의 예학禮學에서도, 문질빈빈文質彬彬에 관한 논의처럼, 복식을 논할 때 항상 장식과 상징적 기능에 초점을 맞추고 그 속에 유교적 우주관과 가치관을 표현하고자 애썼다. 이러한 유교 복식의 최정상에 면복이 있다.

면복은 한나라 정현의 정의대로, "면관을 쓸 때 입는 옷"이다. 처음에 면복의 착용자는 군주 이하 대부 이상의 비교적 넓은 범위의 통치 계층이었지만 명나라 이후로는 황제 및 왕과 그 계승권자에 국한되었다. 착용자가 유교 국가의 통치 계층 내지 황제나 왕과 같은 군주에 국한되므로 면복에는 유교적 세계관과 가치관이 고스란히 반영되어 있음은 물론, 군주는 어떤 존재여야 하는가, 그들이 갖추어야 할 덕목은 무엇인가에 대한 유학자들의 생각도 집중적으로 반영되어 있다. 책에서는 가급적 '유교'에 대한 언급을 회피했지만 면복을 잘 살펴보면 유교적 세계관과 가치관이 어떤 것인지, 유교 국가의 군주는 어떤 덕목을 지녀야 하는 존재인지에 대해 조금은 알 수 있다.

이 책은 12장문 면복을 중심에 두고, 첫째로 인류 복식사의 발전 과정을 배경으로 면복의 여러 가지 구성 요소에 대해 알아본 다음, 둘째로 면복을 장식하는 열두 무늬의 상징적 의미에 대해, 셋째로 면복이 조선 왕실의 각종 의례에서 어떤 역할을 했는지에 대해 알아보았다.

이 책의 첫째 목적은 면복을 구성하는 여러 장식물에 군주에게 필요한 덕목이 어떻게 반영되어 있는지, 그리고 일부 실용적 목적의 초기 복식이 어떻게 면복 안에 장식물로 그 흔적을 남기고 있는지를 추적해보는 것이었다.

면복을 구성하는 장식물의 색을 보면, 면관과 상의·하상에 천지, 류에 오행, 석에 오행을 적용한 회차, 중단의 깃·바지·버선에 적심봉신의 마음을 담아낸다. 또 형태를 보면, 전원후방의 면판, 전 3폭 후 4폭의 하상, 폐슬의 크기 등에 천지, 음양, 삼재의 사상을 담아낸다. 천지와 자연이 조화를 이루듯 군주의 정치가 조화로워야 하고, 하늘과 땅 사이에 존재하는 인간이 겸손한 마음으로 절대적 존재를 경외하듯 백성을 향한 군주의 마음이 그러해야 함을 뜻하는 듯하다. 이러한 겸허함은 패옥의 소리를 들으며 다듬고자 했던 마음의 중심에 맞닿아 있다. 그리고 면관의 류와 충이에 "작은 잘못은 봐도 못 본 척하고 들어도 못 들은 척"하는 것이 현명하다는, 현실 정치의 리더인 군주가 지녀야 할 대덕大德이 함축된다. 그 밖에 폐슬, 대대, 혁대, 인끈 등을 통해 처음에는 생활의 필요 때문에 착용하던 복식이 후대에는 거의 실용성 없는 장식으로 남게 되는 복식 발전사의 법칙을 도출해낼 수 있었다. 이들 구성품이 실용성을 상실한 뒤에도 여전히 예복의 장식물로 남은 것은, 조상과 그들의 삶에 대한 존경을 표하기 위함이다.

이 책의 둘째 목적은 면복의 각종 무늬가 지닌 상징적 의미를 하나하나 살펴보면서 군주의 덕목이 면복의 무늬 속에 어떻게 반영되어 있는지 확인해보는 것이었다. 12장 면복의 '12'라는 숫자는 하늘의 큰 수大數이고, 12장문에는 해와 달, 별이나 불 같은 자연물이 있는가 하면, 종이나 도끼 같은 인공물도 있다. 이것은 황제가 '하늘의 아들', 즉 천자로서 자연세계와 인간세계의 주인이라는 것, 황제가 천지자연의 질서를 존중하면서 다른 한편으로는 인간 세상의 질서를 책임지는 최고 통치자라는 것을 말해준다.

이 책의 셋째 목적은 조선시대 왕실의 관혼상제나 등극의례 등에서 면복이 어떻게 착용되었는지를 살펴보는 것이었다. 조선에서 면복은 왕권이나 황권을 직접적으로 드러내는 수단이기도 했고, 통치 계층의 미성년자를 성인으로 인정하는 매개체이기도 했으며, 남녀가 만나 만세를 이어가는 시점에 친애와 공경을 드러내는 도구이기도 했다.

이처럼 면복은 인류의 오랜 생활사와 정신사를 포괄하면서 전통시대 최고 예복으로 자리매김했다. 그런데 이쯤 되면, 조선 왕실은 왜 남의 나라인 중국의 면복을 그대로 차용했는지 답답해하는 독자들도 많으리라 생각된다. 조선은 중국과 마찬가지로 유교를 국시國是로 하는 유교 국가였다는 점을 기억해야 한다. 오늘의 우리로서는 다소 유감스럽지만 조선의 왕들은 유교 국가의 군주로서 유교의 종주국인 중국 황제보다 한 단계 낮은 9장 면복을 입는 것을 당연시했다. 유교는 중국의 문화이고, 면복은 고대 중국의 통치 계층이 입는 최고 등급의 옷으로 경전에 기록돼 있다. 따라서 유교 국가인 조선에서 면복을 그대로 차용한 것은 어쩌면 당연한 일이다.

군주는 하늘의 아들로서 무엇보다 천지자연의 질서를 존중해야 한다는 것이 면복에 드러나 있는 유교적 관점이다. 이런 관점은 오직 권력 관계만을 고려해 군주를 한 나라의 최고 통치자로만 보는 우리 현대인의 관점과는 분명한 대조를 이룬다. 현대 국가의 통치자는 민주적으로 선출된 자든 독재자든 일체의 종교적 기능을 수행하지 않는다. 또 오늘날 우리는 대통령에게 부국강병이나 사회복지와 같은 극히 세속적인 목표 외에 다른 것을 요구하지 않는다.

반면, 유교 국가의 군주는 정치적 최고 통치자이기에 앞서 종교적 제사장이었다. 12장 혹은 9장 면복은 황제나 왕이 종교적 제사장으로서의 역할을 수행할 때 입는 제복祭服이었다. 황제나 왕은 면복을 입고 하늘과 땅, 산과 강에 제사를 지내고, 또 자신의 조상들에게 제사를 지낸다. 춘추전국시대부터 제사는 전쟁과 더불어 국가의 두 가지 대사大事 가운데 하나였다. 동서를 막론하고 고대국가는 전투 조직인 동시에 종교 조직이었다는 사실을 기억할 필요가 있다. 유교는 전쟁에 대해서는 부정적 입장을 취하는 한편, 제사를 국가 대사로 중시하는 전통을 고스란히 계승하고 있다.

따라서 유교 국가에서 군주의 제사 행위는 세속적 통치 행위보다 더 중요했다. 황제나 왕이 제사만 지낸다면 국가 중대사는 언제 처리하느냐고 반문

할 수 있다. 실용의 측면에서 보면 분명히 문제가 많다. 하지만 최고 권력자인 황제나 왕이 스스로 하늘의 아들 혹은 조상의 후손이라 여기면서 면복을 입고 공경하는 마음으로 제사를 지낸 것은 통치에 임하는 자세라든가 권력을 행사하는 자세에 영향을 미쳤을 것이다.

오늘날 우리는 '영도자領導者'라는 말을 쓴다. '영領'은 '깃'을 가리키고, '도導'는 '이끈다'는 의미이다. 깃은 목을 감싸는 부분인데, 이 깃이 마름질되어야 옷이 완성된다. 깃이 옷의 중심이기 때문에 깃을 꽉 붙잡고 끌어당기면 옷을 입은 사람 자체가 끌려오지 않을 수 없다. 그렇다면 영도자란 백성들이 입은 옷에서 가장 중요한 부분에 해당하는 깃을 꽉 붙잡고 백성들을 올바른 방향으로 이끌어가는 사람인 셈이다. 영도자가 백성들의 운명을 좌지우지하는 막강한 권력을 가졌다면 그 권력을 어떤 마음을 가지고 어떻게 사용하느냐는 참으로 중요한 문제가 아닐 수 없다.

유교 국가의 황제나 왕, 즉 군주는 하늘이나 땅 혹은 선왕들 앞에서는 아들 혹은 후손에 불과하지만 백성들 앞에서는 '부모'가 된다. 어느 쪽으로 봐도 군주는 함부로 자신의 권력을 행사해서는 안 될 것이다. 면복은 실용성보다는 유교적 세계관과 가치관 및 군주관을 반영하는 각종 장식들과 무늬들로 가득하다. 그런 면복을 입고 하늘과 땅이나 선왕들을 위해 공경하는 마음으로 제사를 지내는 군주라면, 자신이 가진 권력을 함부로 행사하기는 어려웠을 것이고, 영도자임을 항시 자각하여 보다 고원한 목표를 생각했을 것이다.

1 이 개념은 약 1800여 년 전 한(漢)나라 학자 정현(鄭玄, 127~200)이 이미 정해놓았다. 『周禮』「大行人」: "(上公)冕服九章." 鄭玄 注: "冕服, 著冕所服之衣也."

2 『漢書』「藝文志」: "黃帝作旃冕."; 許愼, 『說文解字』 卷7下: "古者黃帝初作冕."

3 『영조실록』 권37, 영조 10년 2월 5일(辛亥).

4 『漢書』 卷65 「東方朔傳」: "故曰, '水至淸則無魚, 人至察則無徒, 冕而前旒, 所以蔽明, 黈纊充耳, 所以塞聰' 明有所不見, 聰有所不聞, 擧大德, 赦小過, 無求備於一人之義也."

5 許愼, 『說文解字』: "市, 韠也. 上古衣蔽前而已, 市以象之." '불(市)'은 폐슬을 의미하는데, 그 한자는 고대 사람들이 앞, 즉 생식기만 가리던 것을 형상화한 것이라 한다.

6 『儀禮』「喪服」.

7 『釋名』「釋衣服」; 『儀禮』「旣夕禮」.

8 宋 魏了翁, 『春秋左傳要義』 卷6에서 정현의 『易緯乾鑿度』 주를 인용하여 "古者田漁而食, 因衣其皮, 先知蔽前, 後知蔽後. 後王易之以布帛, 而猶存其蔽前者, 重古道, 不忘本也"라 하였다.

9 『周禮』「掌節」; 『周禮』「司市」.

10 『禮記』「雜記」.

11 『숙종실록』 권53, 숙종 39년 5월 5일(辛巳); 『영조실록』 권57, 영조 19년 4월 4일(丁酉).

12 『後漢書』「輿服志」: "(長冠) 祀宗廟 · 諸祀則冠之. 皆服袀玄. 絳緣領 · 袖爲中衣, 絳絝袜, 示其赤心奉神也."

13 『荀子』「王制」: "功名之所就, 存亡安危之所墮, 必將於愉殷赤心之所." 王先謙 集解: "赤心者, 本心不雜貳."

14 『隋書』「禮儀志」: "天監三年, 何佟之議: '公卿以下祭服, 裏有中衣, 卽今之中單也. 案『後漢』「輿服志」, 明帝永平二年, 初詔有司採『周官』·『禮記』·『尙書』, 乘輿服從歐陽說, 公卿以下服從大 · 小夏侯說, 祭服, 絳緣領 · 袖爲中衣, 絳絝 · 袜, 示其赤心奉神. 今中衣絳緣, 足有所明, 無俟於絝. 旣非聖法, 謂不可施' 遂依議除之."

15 『後漢書』「輿服志」.

16 『爾雅』「釋宮」.

17 『禮記』「玉藻」: "韠, 君朱, 大夫素, 士爵韋. 圜, 殺, 直. 天子直, 公侯前後方, 大夫前方後挫角, 士前後正." 鄭玄 注: "士賤, 與君同, 不嫌也."

18 『周禮』「玉人」: "天子執冒四寸, 以朝諸侯." 鄭玄 注: "名玉曰冒者, 言德能覆蓋天下也."; 許愼, 『說文解字』 卷1上: "瑁, 諸侯執圭朝天子, 天子執玉以冒之, 似犂冠."

19 『隋書』「禮儀志」 7: "笏, (…) 凡有指畫於君前, 受命書於笏, 笏畢用也. 五經要義曰: '所以記事, 防忽忘.'"

20 『禮記』「玉藻」: "史進象笏, 書思對命." 鄭玄 注: "思, 所思念, 將以告君者也. 對, 所以對君者也. 命, 所受君命者也. 書之於笏, 為失忘也." 孔穎達 疏: "思, 謂意所思念, 將以告君, 對, 謂君有所問, 以事對君, 命, 謂所受君命将以奉行, 以笏書此三事, 故云'書思對命'也."; "笏, 天子以球玉, 諸侯以象, 大夫以魚須文竹, 士竹, 本, 象可也. (…) 凡有指畫於君前, 用笏, 造受命於君前, 則書於笏. 笏, 畢用也, 因飾焉." 孔穎達 疏: "此一節明天子以下笏之所用之物, 并明用笏之事, 及闊狹長短. (…) '造受命', 謂造詣君前而受命, 則書記於笏. '笏, 畢用也'者, 畢, 盡也, 謂事事盡用笏記之."

21 『禮記』「玉藻」: "天子搢珽, 方正于天下也. 諸侯荼, 前詘後直, 讓於天子也. 大夫前詘後詘, 無所不讓也." 鄭玄 注: "此亦笏也. 謂之珽, 珽之言珽然無所屈也. 或謂之大圭, 長三尺." 孔穎達 疏: "此一節論天子以下笏制不同之事."; "笏, 天子以球玉, 諸侯以象, 大夫以魚須文竹, 士竹, 本, 象可也."

22 『釋名』 卷5 「釋衣服」: "曲領, 在內, 所以禁中衣領, 上橫壅頸, 其狀曲也."

23 『隋書』「禮儀志」 6: "(北齊)百官朝服 · 公服, (…) 朝服, 冠 · 幘各一, 絳紗單衣, 白紗中單, 皁領袖, 皁襈, 革帶, 曲領方心, 蔽膝(…)."

24 『隋書』「禮儀志」 7: "(黃帝)於是定令, 採用東齊之法. (…) 通天冠, 加金博山, 附蟬十二首, 施珠翠, 黑介幘, 玉簪導. 絳紗袍, 深衣制, 白紗內單, 皁領 · 褾 · 襈 · 裾, 絳紗蔽膝, 白假帶, 方心曲領. (…) (皇太子)遠遊三梁冠, 加金, 附蟬九首, 施珠翠, 黑介幘, 纓翠緌, 犀簪導. 絳紗袍, 白紗內單, 皁領 · 褾 · 襈 · 裾, 白假帶, 方心曲領, 絳紗蔽膝, 韤, 舄. 其革帶 · 劍 · 佩 · 綬與上同."

25 『周易』「繫辭」 下: "黃帝堯舜垂衣裳而天下治, 蓋取諸乾坤" 王弼 注: "垂衣裳以辨貴賤, 乾尊坤卑之義也." 孔穎達 疏: "自此已下, 凡有九事, 皆黃帝堯舜取易卦以制象, 此九事之第一也. 所以連云堯舜者, 謂此九事黃帝制其初, 堯舜成其末, 事相連接, 共有九事之功, 故連云'黃帝堯舜'也. (…) '垂衣裳'者, 以前衣皮, 其制短小, 今衣絲麻布帛所作衣裳, 其制長大, 故云'垂衣裳'也. '蓋取諸乾坤'者, 衣裳辨貴賤, 乾坤則上下殊體, 故云'蓋取諸乾坤'也."

26 『周禮』「司服」 經文 및 鄭玄 注.

27 '繢'라는 한자는 주로 '궤'로 읽지만, 여기서는 '회(繪)'처럼 '그리다'라는 의미이고

따라서 '회'로 읽는다. 『주례』에는 「화회畫繢」편이 있다. '화회'는 관직명으로, 옷에 그림을 그리고 자수를 놓는 일 등을 담당한다. '화(畫)'는 선(線)으로 윤곽선을 묘사하는 행위를 말하고, '회(繢)'는 무늬를 완성하는 행위를 말한다(『禮記』「禮運」: "初畫曰畫, 成文曰繢"). 즉 화공(畫工) 하면 그림이나 자수를 놓을 때 밑그림을 그리는 장인이고, 회공(繢工) 하면 그 위에 색을 입혀 무늬를 완성하는 장인이다. 조선시대에도 도화서에 왕실 그림을 그리던 화원(畫圓)들이 있었는데, 그 장인 명칭에 선화(善畫: 종6품), 선회(善繪: 종7품), 화사(畫史: 종8품), 회사(繪史: 종9품) 등이 보인다. 그림을 그릴 때 밑그림을 표현하는 작업과 그 위에 색을 입히는 작업이 분업화되던 전통이 조선시대까지 그대로 내려온 것을 알 수 있다. 자수를 놓을 때도 천 위에 먼저 밑그림을 그리고 그 위에 채색실로 무늬를 표현한다. 이런 공정 때문에 화회 관직에는 자수를 놓는 장인도 포함된다.

**28** 『周禮』「畫繢」: "畫繢之事, 雜五色, 東方謂之青, 南方謂之赤, 西方謂之白, 北方謂之黑, 天謂之玄, 地謂之黃. 青與白相次也, 赤與黑相次也, 玄與黃相次也." 鄭玄 注: "此言畫繢六色所象及布采之第次, 繢以爲衣." 賈公彦 疏: "此一經言次, 次畫於衣之事, 畫繢并言者, 言'畫'是總語, 以其繢·繡皆須畫之. 言'繢', 則据對方而言, 自'東方'已下是也. (…) '青與白相次'已下, 論繢於衣, 爲對方之法也."; "青與赤謂之文, 赤與白謂之章, 白與黑謂之黼, 黑與青謂之黻, 五采備謂之繡." 鄭玄 注: "此言刺繡采所用, 繡以爲裳." 賈公彦 疏: "此一經皆比方爲繡次."; 『儀禮』「士冠禮」: "爵弁纁屨, 黑絇繶純, 純博寸." 賈公彦 疏: "(…) 此是對方爲繢次, 比方爲繡次."

**29** 『周禮』「司服」: "王之吉服 (…) 則玄冕." 賈公彦 疏: "繢, 畫也. 衣是陽, 陽主輕浮, 畫亦輕浮, 故衣繢也. (…) 裳主陰, 刺亦是沈深之衣, 故裳繡也."

**30** 『左傳』「哀公七年」: "周之王也, 制禮, 上物不過十二, 以爲天之大數也."

**31** 『禮記』「郊特牲」: "祭之日, 王被袞以象天. 戴冕, 璪十有二旒, 則天數也." 鄭玄 注: "天之大數不過十二."

**32** 『周禮』「司服」 賈公彦 疏; 『禮記』「王制」.

**33** 『周禮』「司服」 賈公彦 疏; 『禮記』「王制」 孔穎達 疏, 「明堂位」 鄭玄 注.

**34** 許身, 『說文解字』.

**35** 『周禮』「巾車」.

**36** 『尙書』「益稷」 孔穎達 疏; 『周禮』「司服」 賈公彦 疏; 『禮記』「王制」 孔穎達 疏, 「明堂位」 鄭玄 注.

**37** 『周禮』「司服」 賈公彦 疏; 『禮記』「明堂位」 鄭玄 注.

38 『釋名』「釋首飾」.

39 『周禮』「司服」賈公彦 疏.

40 『周禮』「司服」賈公彦 疏; 『禮記』「王制」孔穎達 疏.

41 『周禮』「司服」賈公彦 疏; 『禮記』「王制」孔穎達 疏; 『尚書』「益稷」孔穎達 疏.

42 『周禮』「司服」賈公彦 疏.

43 『周禮』「司服」賈公彦 疏; 『舊唐書』「文苑傳」上 '楊炯'; 陳祥道, 『禮書』卷2.

44 『周禮』「司服」賈公彦 疏.

45 『세조실록』 권1, 세조 1년 윤6월 11일(乙卯).

46 이욱, 『조선시대 국가재난과 국가의례』, 창비, 2009, 38~39쪽.

47 『정조실록』 권18, 정조 8년 7월 3일(丙辰): "禮曹啓言: '庚午年東宮受册時, 有雙童髻·空頂幘·七章服, 保姆抱奉就拜位行禮矣.'"

48 『성종실록』 권150, 성종 14년 1월 6일(己亥).

49 『세조실록』 권1, 세조 1년 윤6월 26일(庚午).

50 『儀禮』「士冠禮」記: "三加彌尊, 諭其志也." 鄭玄 注: "'彌'猶益也. 冠服後加益尊. '諭其志'者, 欲其德之進也."

51 『儀禮』「士婚禮」孔穎達 疏: "鄭『目錄』云: '士娶妻之禮, 以昏爲期, 因而名焉. 必以昏者, 陽往而陰來, 日入三商爲昏.'" 여기서 '삼상(三商)'은 '삼각(三刻)'을 의미한다.

52 『국조오례의』에 의하면 왕세자가 임헌초계를 할 때 '면복'을 입는데 동뢰연을 끝낸 후에는 '조복'을 벗는 것으로 나온다. 반면 『세종실록오례의』에는 임헌초계에 '조복'을 입고, 동뢰연을 끝낸 후 벗는 것으로 나온다. 『세종실록오례의』는 세종이 승하할 때까지의 국가 의례를 수록한 것이므로, 세종이 승하한 다음에 명나라에서 온 왕세자 면복이 반영되지 않았다. 그래서 왕세자가 입는 최고 등급의 예복은 면복이 아니라 조복인 양관복이다. 이 때문에 혼례에서도 조복을 착용하는 것으로 규정한 것이다. 그러나 『국조오례의』는 『세종실록오례의』 이후 여러 가지 사항을 수정하여 완성한 책으로, 여기에서 중요한 의례에 착용하는 왕세자 복식은 '조복'이 아닌 '면복'으로 모두 수정된다. 그러므로 동뢰연 후 벗는 옷도 '면복'이 되어야 맞지만 실수로 '조복'을 그대로 두어 오기가 발생한 것으로 보인다.

53 『儀禮』「士婚禮」: "主人爵弁, 纁裳, 緇袘. 從者畢玄端. 乘墨車, 從車二乘, 執燭前馬." 鄭玄 注: "大夫以上親迎冕服. 冕服迎者, 鬼神之. 鬼神之者, 所以重之親之."

54 『중종실록』 권27, 중종 12년 3월 15일(庚寅).

55 『禮記』「哀公問」: "孔子對曰, '古之爲政, 愛人爲大. 所以治愛人, 禮爲大, 所以治禮, 敬爲大. 敬之至矣, 大昏爲大, 大昏至矣. 大昏旣至, 冕而親迎, 親之也. 親之也者, 親之也. 是故君子興敬爲親, 舍敬是遺親也. 弗愛不親, 弗敬不正, 愛與敬, 其政之本與!'"

56 『예종실록』 권1, 예종 즉위년 9월 7일(癸亥).

57 『태종실록』 권36, 태종 18년 8월 10일(丁亥).

58 『중종실록』 권1, 중종 1년 9월 2일(戊寅).

59 『인조실록』 권1, 인조 1년 3월 13일(癸卯).

60 『승정원일기』 고종 34년 음력 9월 17일(癸卯).

61 『정조실록』 권14, 정조 6년 9월 7일(辛丑).

62 『禮記』「喪大記」: "小斂·大斂, 祭服不倒." 鄭玄 注: "尊祭服也."

63 『일성록』 정조 10년 5월 11일(癸丑) 이후 기사.

64 『정조실록』 권21, 정조 10년 6월 2일(甲戌).

65 1610년(광해 2) 관례 전의 왕세자가 종묘제례에 참여하는 문제를 논의할 때 예조에서 "역대 저군(儲君)은 책봉을 받은 뒤에는 나이가 아무리 어리더라도 즉시 관을 썼기 때문에 책봉된 뒤에 면복을 갖추어 종묘를 배알하는 예를 가졌습니다."(『광해군일기』 권27, 광해 2년 윤3월 26일)라고 한 것을 통해 공정책을 제정하기 전인 조선 전기에는 관례 전이라도 면관을 썼음을 알 수 있다.

66 『後漢書』「輿服志」: "未冠童子幘無屋者, 示未成人也."

## 참고문헌


『상서尙書』.

『순자荀子』.

『예기禮記』.

『의례儀禮』.

『좌전左傳』.

『주례周禮』.

『주역周易』.

『석명釋名』.

『설문해자說文解字』.

『이아爾雅』.

『삼재도회三才圖會』.

『주자가례朱子家禮』.

『한서漢書』.

『후한서後漢書』.

『진서晉書』.

『수서隋書』.

『구당서舊唐書』.

『신당서新唐書』.

『요사遼史』.

『금사金史』.

『원사元史』.

『명사明史』.

『문헌통고文獻通考』.

『대명회전大明會典』.

『중동궁관복中東宮冠服』(『명궁관복도明宮冠服圖』).

송(宋) 위료옹(魏了翁), 『춘추좌전요의春秋左傳要義』.
송(宋) 진상도(陳祥道), 『예서禮書』.

『고려사高麗史』.
『삼국유사三國遺事』.
『승정원일기承政院日記』.
『일성록日省錄』.
『조선왕조실록朝鮮王朝實錄』.
『경국대전經國大典』.
『국조상례보편國朝喪禮補編』.
『국조오례의國朝五禮儀』.
『국조오례의國朝五禮儀』(영인본), 경문사, 1979.
『국조속오례의國朝續五禮儀』.
『국조속오례의보國朝續五禮儀補』.
『국조오례통편國朝五禮通編』.
『대한예전大韓禮典』.
『세종실록오례의世宗實錄五禮儀』.
『춘관통고春官通考』.
『경모궁의궤景慕宮儀軌』.
『(고종명성후)가례도감의궤(高宗明星后)嘉禮都監儀軌』.
『대례의궤大禮儀軌』.
『문효세자빈궁혼궁도감의궤文孝世子殯宮魂宮都監儀軌』.
『문효세자예장도감의궤文孝世子禮葬都監儀軌』.
『영조국장도감의궤英祖國葬都監儀軌』.
『정조국장도감의궤正祖國葬都監儀軌』.
『종묘의궤宗廟儀軌』.
『현종국장도감의궤顯宗國葬都監儀軌』.
『(현종)왕세손책례도감의궤(顯宗)王世孫册禮都監儀軌』.
『임오가례일기壬午嘉禮日記』.

강제훈 외, 『조선 왕실의 가례』 1, 한국학중앙연구원, 2008.
———, 『조선 왕실의 가례』 2, 한국학중앙연구원, 2010.
김동욱, 『종묘와 사직』, 대원사, 1997.
경복궁관리소, 『(조선의 법궁) 경복궁』, 경복궁관리소, 2008.
김문식, 『왕세자의 입학식』, 문학동네, 2010.
김문식 외, 『왕실의 천지제사』, 돌베개, 2011.
金英淑, 『朝鮮朝後期宮中服飾—英王服飾中心』, 신유, 1999.
金用淑, 『朝鮮朝 宮中風俗硏究』, 一志社, 1987.
서울특별시사편찬위원회, 『조선 왕실의 혼례 이야기』, 서울특별시사편찬위원회, 2011.
石宙善, 『冠帽와 首飾』, 단국대학교 출판부, 1993.
신명호, 『조선의 왕—조선시대 왕과 왕실문화』, 가람기획, 1998.
劉頌玉, 『朝鮮王朝 宮中儀軌服飾』, 修學社, 1991.
李覺鍾, 『純宗實紀(附 名臣史傳)』, 新民社, 1927.
이민주, 「朝鮮時代 冊禮儀에 나타난 儀式節次와 服飾 硏究」, 성균관대학교 박사학위논문, 1999.
이욱, 『조선시대 재난과 국가의례』, 창비, 2009.
임민혁, 『왕의 이름, 묘호』, 문학동네, 2010.
崔圭順, 『中國歷代帝王冕服硏究』, 上海: 東華大學校出版社, 2007.
———, 「『大韓禮典』 복식제도 연구」, 『아세아연구』 139, 고려대학교 아세아문제연구소, 2010.
———, 「古禮에시의 復과 復衣에 나타난 多面的 성격」, 『한국학논총』 34, 국민대학교 한국학연구소, 2010.
———, 「전통상례 중 復과 復衣의 조선적 變容」, 『比較民俗學』 42, 비교민속학회, 2010.
———, 「대한제국 황실 사진에 나타난 옷」, 『대한제국 황실의 초상』, 국립현대미술관, 2012.
———, 「조선시대 舃 연구」, 『服飾』 63-2, 한국복식학회, 2013.
최연우(최규순), 「대한제국시대 舃의 고찰 및 한국 석의 형태적 특징의 유래」, 『服飾』 63-8, 한국복식학회, 2013.
———, 「舃에 적용된 繢次와 繡次의 배색원칙」, 『服飾』 64-6, 한국복식학회, 2014.
최진덕, 「『주자가례』와 죽음의 유학적 이해」, 『정신문화연구』 23-3, 한국학중앙연구원, 2000.

국립경주박물관, 『국립경주박물관 명품 100선』, 국립경주박물관, 2007.
국립고궁박물관, 『국립고궁박물관 전시안내도록』, 국립고궁박물관, 2007.
———, 『대한제국—잊혀진 100년 전의 황제국』, 국립고궁박물관, 2010.
———, 『창덕궁—아름다운 덕을 펼치다(특별전 도록)』, 국립고궁박물관, 2011.
———, 『국립고궁박물관 복원·복제 제작기술서』 제1권 冕, 국립고궁박물관, 2011.
———, 『王室文化圖鑑—朝鮮王室服飾』, 국립고궁박물관, 2012.
———, 『영친왕일가복식』, 국립고궁박물관, 2012.
———, 『궁중문양판』, 국립고궁박물관, 2013.
———, 『오백년만의 해후—순천박씨 기증유물 특별전』, 국립공주박물관, 2006.
국립문화재연구소 편, 『北闕圖形』, 국립문화재연구소, 2006.
국립문화재연구소 기획, 지두환 외 글, 『중요무형문화재 제111호—사직대제』, 민속원, 2007.
국립문화재연구소, 『국립문화재연구소 소장 조선왕조 행사기록화』, 2011.
단국대학교 석주선기념박물관, 『靴, 鞋, 履』, 檀國大學校 石宙善紀念博物館, 2004.
———, 『名選』 中, 단국대학교 석주선기념박물관, 2005.
대전광역시·부산대학교 한국전통복식연구소, 『대전 목달동 출토 조선초·중기 여산송씨 출토복식』, 2007.
동강사진박물관, 『순종국장사진전—御葬儀寫眞帖』, 동강사진박물관, 2008.
文化公報部 文化財管理局, 『朝鮮時代 宮中服飾』, 문화공보부 문화재관리국, 1981.
文化部 文化財管理局, 『東闕圖』, 文化部 文化財管理局, 1991.
문화재청, 『宮中懸板』, 문화재청, 1999.
———, 『문화재대관—중요민속자료② 복식·자수편』, 문화재청, 2006.
청계천문화관, 『기산풍속도—그림으로 남은 100년 전의 기억』, 2008.
한국학중앙연구원 장서각, 『영조대왕 특별전 도록』, 한국학중앙연구원 출판부, 2011.

黃能馥 · 陳娟娟, 『中華歷代服飾藝術』, 北京: 中國旅遊出版社, 1999.
賈璽增, 『中國古代首服研究』, 東華大學 博士學位論文, 2006.
李淞, 『漢代人物雕刻藝術』, 長沙: 湖南美術出版社, 2001.
李之檀 · 陳曉蘇 · 孔繁云, 「從『明宮冠服圖』看明代初期冠服制度的形成與確立」, 『北京文博』, 2014.
孫機, 『中國古輿服論叢』, 北京: 文物出版社, 2001.
徐新民 · 蔣樂平 · 張天恩 · 劉明科 · 國家文物局, 『2002中國重要考古發現』, 北京: 文物出版社, 2003.
張正明 · 邵學海, 『長江流域古代美術—(史前至東漢)漆木器』, 武漢: 湖北教育出版社, 2002.

湖南省博物館 · 中國科學院考古研究所, 『長沙馬王推一號漢墓』, 北京: 文物出版社, 1973.
『中華人民共和國國重大考古發現』 編輯委員會編, 『中華人民共和國國重大考古發現(1949-1999)』, 北京: 文物出版社, 1999.
中國文物交流中心 編, 『出土文物三百品』, 北京: 新世界出版社, 1992.

http://kyu.snu.ac.kr/search/e-kyu.jsp(서울대학교 규장각 한국학연구원 원문자료검색)
http://sjw.history.go.kr/main/main.jsp(승정원일기)
http://yoksa.aks.ac.kr/(왕실도서관 장서각 디지털 아카이브)
http://sillok.history.go.kr/main/main.jsp(조선왕조실록)
http://db.history.go.kr/(한국사데이터베이스)
http://www.kostma.net/(한국학자료센터)

# '키워드 한국문화'를 펴내며

'키워드 한국문화'는 한국의 역사와 문화를 재발견하는 작업이다. 한국문화의 정수를 찾아 그 의미와 가치를 정리하는 일이다. 한 장의 그림 또는 하나의 역사적 장면을 키워드로 삼아, 구체적인 대상을 통해 한국을 찾자는 것이다. 처음 소개되는 것도 있을 것이고, 잘 알려져 있더라도 이제야 그 진면목이 드러나는 것도 있을 것이다. 영상과 멀티미디어에 익숙한 현대적 감각에 맞추어 시청각자료를 풍부히 활용하고자 했다. 우리 것이니 당연히 알아야 한다는 의무감에서가 아니라, 같은 땅에 살았던 사람들의 삶의 이야기를 조근조근 들려주어 자연스레 책을 펼쳐볼 수 있게 했다. 이로써 멀게만 느껴졌던 인문학과 독서대중의 간극을 좁히고자 했다.

한국문화를 전혀 모르는 사람들에게나, 어렴풋이 알고 있다고 생각하지만 선입관에 사로잡힌 사람들에게, 또 좀더 깊이 알고자 하지만 길을 찾지 못하는 사람들에게 '키워드 한국문화'는 좋은 안내자가 될 것이다. 한국이 어떤 나라인지 묻는 외국의 벗에게 이 책 한 권을 건넴으로써 대답을 대신할 수 있을 것이다. 책이 한 권 한 권 간행될수록 한국문화의 특징과 아름다움이 더욱 선명히 모습을 드러내리라 믿는다. 책으로 만든 '한국문화 특별전시관'의 완공을 손꼽아 기다린다.

키워드 한국문화 기획위원

김문식, 박철상, 신수정, 안대회, 정병설

키워드 한국문화 14

면복



초판 인쇄 2015년 4월 25일
초판 발행 2015년 5월 2일

지은이 최연우
펴낸이 강병선

책임편집 류기일 | 편집 오경철 | 독자모니터 황치영
디자인 신선아 이주영 | 마케팅 정민호 이연실 정현민 지문희 김주원
홍보 김희숙 김상만 한수진 이천희 | 제작 강신은 김동욱 임현식 | 제작처 한영문화사
일러스트 고증 및 제작 최연우 김아람 김현승

펴낸곳 (주)문학동네
출판등록 1993년 10월 22일 제406-2003-000045호
주소 413-120 경기도 파주시 회동길 210
전자우편 editor@munhak.com | 대표전화 031)955-8888 | 팩스 031)955-8855
문의전화 031)955-1933(마케팅), 031)955-2690(편집)
문학동네카페 http://cafe.naver.com/mhdn | 트위터 @munhakdongne

ISBN 978-89-546-3596-7 04900
978-89-546-0990-6 04900 (세트)



* 이 도서의 국립중앙도서관 출판시도서목록(CIP)은 e-CIP홈페이지(http://www.nl.go.kr/ecip)와
국가자료공동목록시스템(http://www.nl.go.kr/kolisnet)에서 이용하실 수 있습니다.
(CIP제어번호: CIP2015010370)

www.munhak.com